선한 사마리아인의 목적지

세움북스는 기독교 가치관으로 교회와 성도를 건강하게 세우는 바른 책을 만들어 갑니다.

선한 사마리아인의 목적지

초판 1쇄 발행 2025년 8월 15일

지은이 | 서진교
펴낸이 | 강인구

펴낸곳 | 세움북스
등 록 | 제2014-000144호
주 소 | 서울시 종로구 대학로 19 한국기독교회관 1010호
전 화 | 02-3144-3500
이메일 | holy-77@daum.net

교 정 | 이윤경
디자인 | 참디자인

ISBN 979-11-93996-56-0 (03230)

* 이 책은 신저작권법에 의하여 국내에서 보호를 받는 저작물입니다.
  출판사의 협의 없는 무단 전재와 무단 복제를 엄격히 금합니다.
* 책값은 뒤표지에 있습니다.
* 잘못된 책은 교환하여 드립니다.

선한 사마리아인의 목적지

아는 것을 행할 때
비로소 시작되는
사랑의 여정

서진교 지음

세움북스

추천사

이 책은 사실은 선한 사마리아인의 이야기가 아닙니다. 그 사람보다 더 선한 지금 이곳의 한국인 젊은 목사 이야기입니다. 그는 상상하기도 어려울 만큼 버거운 처지를 운명처럼 걸머지고 삽니다. 그런데도 물불을 가리지 않고 장애인과 노숙인을 비롯해 혹독한 처지의 사람들을 찾아다닙니다. 자기를, 자기의 먹을 것, 하나님의 마음과 말씀을 내어주며 위로와 소망과 힘을 나누어줍니다. 그 일에 인생을 건 사람처럼 살아갑니다. 바로 이 책의 저자입니다. 그가 사는 모습을 보고, 그의 이야기를 읽노라면 감성이 꿈틀거리고, 생각이 정화됩니다. 그러다가 행실과 처신이 나도 모르게 조금씩 선한 사람으로 변하는 것을 발견하게 됩니다. 그의 이야기는 우리를 부끄럽게도 하지만, 선한 용기를 주기도 합니다.

정창균 _ 합동신학대학원대학교 전 총장

서진교 목사님은 삶의 현장에서 낮은 자, 소외된 자들을 향한 뜨거운 마음을 품고 사역하시는 분입니다. 그래서 목사님의 글에는 이론이나 지식의 나열이 아닌, 치열한 삶의 현장에서 건져 올린 생생한 깨달음과 눈물이 담겨 있습니다. 이 책 또한 예수님의 비유들을 새로운 시각으로, 그리고 가슴을 치게 만드는 깊이로 재조명하고 있습니다. '아는 것'에 머물며 '행함'을 면제받고자 하는 우리에게, "이를 행하라 그리하면 살리라"는 예수님의 말씀이 얼마나 무겁고 절실한 명령인지를 일깨워줍니다. 오늘날 한국 교회는 본질을 회복해야 할 중요한 시점에 서 있습니다. 지식은 넘쳐나지만 정작 삶의 변화는 더딘 신앙을 당연시하는 것에서 우리는 벗어나야 합니다. 이 책을 통해 우리의 잠자던 신앙 감각이 깨어나고 부르신 자리에서 예수님의 말씀에 순종하게 되는 역사가 있길 바라며 일독을 권합니다.

송태근 _ 삼일교회 담임 목사

추천사 요청을 받았을 때, 깜짝 놀랐습니다. 근래에 저의 머릿속에 온통 선한 사마리아인으로 가득 차 있었기 때문입니다. 어떻게 해야 소외되고 어려운 이웃을 잘 섬김으로 하나님을 기쁘시게 할 것인가 기도하며 일합니다. 저는 믿습니다. 이웃 사랑이 곧 하나님을 사랑하는 것입니다. 마지막 날, 기독교인에게 진노의 심판은 임하지 않습니다. 우리의 구원은 흔들리지 않습니다. 다만, 하나님 앞에서 지나온 나의 삶에 대하여 심판을 받게 됩니다(롬 14:11-12). 때문에 똑바로 살아야 합니다. 오래전부터 저의 마음에 큰 울림을 주는 예수님의 말씀이 있습니다. 이 책의 핵심이기도 합니다. "가서 너도 이와 같이 하라"(눅 10:37). 평생 제 마음을 울릴 말씀입니다. 하나님을 사랑하기에 이웃을 사랑하는 삶을 위해 일독을 권합니다.

정영일 _ 이랜드재단 대표

서진교 목사님의 글은 잘 읽힙니다. 깊은 생각이나 많은 지식이 없어도 쉽게 읽을 수 있습니다. 그의 글은 낮은 곳을 향하기 때문입니다. 꼭 누가 대신 읽어주는 것 같습니다. 예수님이 내 귀에 말씀하시는 것 같습니다. 금방 가슴에 와닿습니다. 오래 성경을 묵상한 열매이기 때문입니다. 그 말씀대로 살려고 부단히 몸부림치며 기도했기 때문입니다. 그의 글을 읽으면 그대로 살고 싶어집니다. 말씀대로 사는 것은 힘든데, 서 목사님의 글만큼은 살 수 있을 것 같기 때문입니다. 그렇게 살아보고 싶은 마음이 들게 합니다. 내가 딴 사람이 된 것 같습니다. 다른 사람에게도 권하고 싶습니다. 다른 사람도 그런 걸 느꼈으면 좋겠다는 마음이 들기 때문입니다. 당신이 이 책을 읽는다면 이 추천사를 100% 공감할 것입니다.

강신욱 _ 낮은울타리 대표

엠마누엘 레비나스(Emmanuel Levinas)에게 '환대'란 인간관계에서 가장 근본적이고 선행적인 윤리의 출발점입니다. 자크 데리다(Jacques Derrida)는 "참된 환대"란 타자를 아무 조건 없이 받아들이는 것입니다. 그렇다면, 성경은 환대를 어떻게 말씀할까요? 저자는 성경이 우리에게 말하는 환대를 잘 풀어내고 있습니다. 강도 만난 자를 지나친 제사장과 레위인의 모습으로 살아가는 우리를 되돌아보게 합니다. 주님의 마음은 여전히 낮은 곳에서 흐르고 있습니다. 물은 본래 낮은 곳으로 흘러가듯, 주님의 사랑을 아는 자는 반드시 낮은 자리로 향하게 됩니다. 이 책은 그 진리를 다시금 흔들어 일깨웁니다. 서진교 목사님은 강단에서뿐 아니라, 삶으로 복음을 외치는 분입니다. 그의 글에는 삶이 담겨 있습니다. 만약, 누군가 냉랭한 가슴을 안고 있다면, 어디로 갈지 몰라 헤매고 있다면, 이 책이 따뜻한 나침반이 되어 줄 것입니다.

김영한 _ 품는교회 담임 목사

『선한 사마리아인의 목적지』는 단지 예수님의 비유를 설명하는 책이 아닙니다. 오히려, 그 비유 속에 담긴 하나님의 마음을 오늘의 삶 속으로 불러내고, 우리가 그 이야기를 '살도록' 초대합니다. 서진교 목사는 오랜 시간 성경과 씨름한 목회자입니다. 이 책에서 그가 보여주는 모습은 단순한 설교자가 아닙니다. 마치 한 손엔 성경을, 다른 한 손엔 낮은 곳에 있는 이들의 손을 꼭 잡고 살아가는 '선지자'의 심정으로 예수님의 비유를 전합니다. 다섯 가지의 이야기는 하나의 메시지로 수렴됩니다. 바로 "예수님은 늘 낮은 곳에 계시며, 우리가 그분을 만나기 원한다면 우리도 그 낮은 곳으로 가야 한다"는 진리입니다. 당신이 책의 마지막 장을 덮을 무렵, 내 인생의 방향을 돌아보라는 도전을 받게 될 것입니다. 한 번 뿐인 인생을 어떻게 살아야 할지, 지금 내 곁에 연약한 이들에게 어떻게 다가가야 할지, 그리고 결국 우리가 어디를 향해 걸어가고 있는지 이 책은 집요하게 묻기 때문입니다. 이 책은 저자의 삶과 말이 하나가 되어 나오는 강력한 외침입니다. 성도가 마땅히 들어야 할 그 외침을 당신이 들을 수 있기를 소망합니다. 이 책을 통해, 다시금 예수님이 계신 곳으로 향하게 되길 바랍니다. 낮고 좁은 길, 그러나 생명의 길로.

조영민 _ 나눔교회 담임 목사

저자는 어려움에 처한 영혼을 그냥 지나치지 못합니다. 고난의 길이라는 것을 알아도 묵묵히 하나님만 바라보며 걸어갑니다. 어려서부터 감당할 수 없는 고난과 가난 속에서 자랐지만, 진정한 행복이신 예수 그리스도를 만납니다. 어느 날, 기댈 곳 하나 없이 망가진 채 하나님 아버지께 돌아와, 낮은 자들을 기쁨의 자리로 초대합니다. 이제 보니, 그는 진정 세상 속에서 예수님을 발견하는 달인입니다. 책을 읽는 내내 저자가 떠올랐습니다. 모든 이야기 속에 저자의 모습이 스며 있었습니다. 특유의 어눌한 미소와 결코 작지 않은 몸짓으로 예수를 보여줍니다. 작고 연약한 자들을 만날 때마다, 속상하여 눈물이 날 때마다 이 이야기들을 되뇌었을 것입니다. 그러다 어느새 이야기들은 그의 삶이 되었겠지요. 그래서 이 책은 살아내는 그의 걸음을 통해 더욱 묵직하게 다가옵니다. 거룩한 부담감이 밀려옵니다. 낮은 곳에 계신 예수께로 우리를 따뜻하고도 진지하게 이끌어 줍니다.

김민섭 _ 리빙처치 담임 목사

머리말

여느 때처럼 성경을 묵상하던 날이었다. 그날의 본문은 선한 사마리아인의 이야기였다. 제사장도 레위인도 쓰러진 사람을 그냥 지나쳤다. 오히려 전혀 상관없는 사마리아인이 죽어 가는 이를 돌보았다. 잘 알고 있는 이야기인데, 그날만큼은 호기심이 발동했다. 왜 그랬을까? 제사장도 레위인도 외면했는데, 전혀 상관없는 사마리아인이 왜 그를 돌봐주었을까? 몇 날 며칠을 묵상하고 또 묵상했다.

"제사장은 '내려가는 길'이라고 명시되어 있는데, 어디를 가는 길이었을까? 왜 레위인은 가는 방향이 언급되어 있지 않을까? 사마리아인은 '여행 중'이라고 했는데, 목적지가 어디였을까? 예루살렘에서 여리고로 가는 길목에 왜 나타났을까? 사마리아 경내를 벗어나는 순간부터 온갖 핍박이 불 보듯 뻔한데, 왜 굳이 멀고 먼 그곳까지 왔을까? 병자를 맡긴 여관 주인에게 다시 돌아온다고 하면서 왜 두 데나리온을 맡겼을까?"

그러다 머리를 번뜩 스치는 생각이 있었다. 그제야 알 것 같았다. 왜 사마리아인이 죽어 가는 사람을 외면하지 않았는지 알았다. 불현듯 눈물이 흘렀다. 사마리아인이 단순히 착한 사람이라 선행을 한 것이 아닌 줄 알았기 때문이다. 그의 사랑의 원동력이 무엇인지 깨달아지니 감격에 눈물이 흘렀다. 제사장과 레위인과 같았던 나의 모습이 부끄러워 울었다.

그렇게 본문의 묵상을 바탕으로 설교를 준비했다. 여러 교회에서 말씀을 전할 기회가 있었다. 하나님이 은혜로 함께하셨다. 우리를 회개하게 하셨다. 제사장과 레위인과 같았던 우리의 모습을 통회하고 자복했다. 사마리아인의 모습이 우리의 모습이 되길 가슴을 치며 간구했다. 그렇게 회복되고, 결단한 많은 성도님들을 만나게 하셨다. 그 이야기가 마침내 책이 되었다.

우리는 앎과 행함이 분리된 시대를 살아가고 있다. 그 옛날 제사장과 레위인처럼 아는 것을 실천하지 못하고 있다. 그것을 당연시 여기며 살아간다. 오히려 많이 아는 것으로 행함을 면제한다. 그런데 공허하다. 능력도 사랑도 없는 스스로를 향한 자괴감으로 고통스러워 한다. 무엇이 잘못되었을까? 선한 사마리아인은 우리가 놓치고 사는 것을 알려준다. 우리의 고정관념을 통째로 뒤흔든다. 우리 가까이에 있던 은혜의 지름길을 발견하게 한다.

우리는 선한 사마리아인으로 살 수 있다. 우리에게 선한 사마리아인으로 오신 예수님 때문이다. 예수님은 강도 만난 사람 같은 내 인생에 먼저 찾아와주셨다. 내 상처를 싸매고, 밤새 간호해주셨다. 끝까지 나를 책임지셨다. 그 사랑을 먼저 받았기에 내가 선한 사마리아인이 되기를 결단한다. 예수님께 보고 배운 대로, 내가 받은 사랑 그대로 쓰러진 사람들을 섬긴다. 그 길을 걷다가 힘에 겨워 또 쓰러질지라도 상관없다. 나의 선한 사마리아인 되신 예수님이 천 번, 만 번이라도 다시 찾아오신다.

내 평생에 예수님이 함께하시니 선한 사마리아인의 삶을 포기하지 않는다. 끝까지 사랑한다. 부디, 이 책을 통해 예수님을 닮은 선한 사마리아인들이 일어나기를 소망한다. 하나님을 사랑해서 이웃을 사랑하는 일들이 회복되기를 소원한다. 나같이 부족한 사람과 살아주는 사랑하는 아내와 내 평생 가장 영예로운 이름인 '아빠'를 선물해준 사랑하는 딸에게 이 책을 바친다.

목차

추천사 • 5
머리말 • 11
여는 이야기 • 15

01 선한 사마리아인의 목적지 • 23
　블루노트 1: 행함으로 살아난 청년

02 종들이 기뻐한 이유 • 49
　블루노트 2: 하늘문을 여시고 쏟아주신 기쁨

03 부자가 지옥, 거지가 천국에 간 이유 • 73
　블루노트 3: 광야로 나가라 하신 이유

04 빈자, 장애인, 노숙인으로 가득한 잔치집의 기쁨 • 97
　블루노트 4: 복음을 빨아들이는 사람들

05 예수님과의 영원한 추억 • 129
　블루노트 5: 통곡한 노숙인

닫는 이야기 • 153

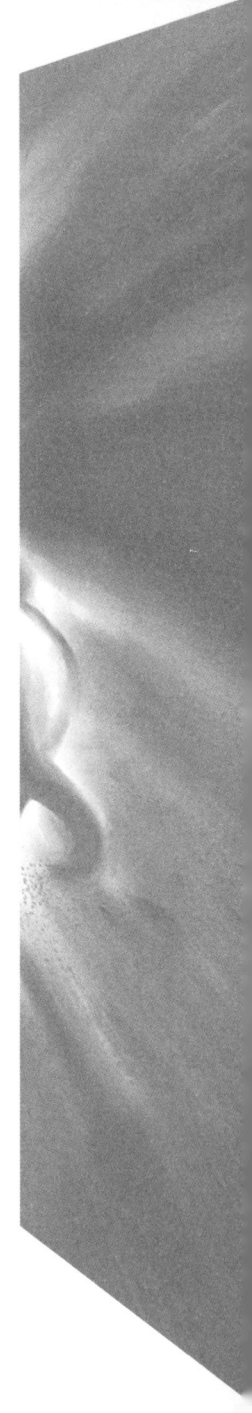

여는 이야기

계엄령을 뚫고 온 신자들

예전에 한 유명한 교회를 갔다. 교회 앞에 한 노숙자가 있었는데 정신이 온전치 못한 듯 알아들을 수 없는 말을 반복했다. 그 교회를 방문할 때면, 그 노숙자는 늘 그 자리에 있었다. 오랜 세월 그 자리를 떠나지 않았다. 그토록 큰 교회가 노숙자 한 사람을 거두지 못했다. 그 장면이 하나의 상징처럼 다가왔다. 우리의 민낯을 보는 것 같았다.

얼마 전에 삼일교회를 갔다. 삼일 동안 특별새벽기도회에서 말씀을 전했다. 마지막 집회 당일이었다. 강사대기실에서 기도하는데, 송태근 목사님이 들어와 간밤에 잘 잤느냐며 안부를 물으셨다. 그리고 너무나 놀라운 소식을 전해주셨다.

"간밤에 계엄령이 선포되었어요."

내 귀를 의심했다. 계엄령이라니 믿기지 않았다. 전날 집회를 마치고, 몸이 좋지 않아 병원에 가서 링거를 맞고 일찍 잠이 들었다. 새벽에 일어나 교회에 왔는데 간밤에 계엄이 터졌던 것이다. 너무 놀라서 말이 나오지 않았다. 대기실 모니터가 눈에 들어왔다. 여느 때처럼 찬양팀이 연습하고 있었다. 그런데 앞쪽 좌석에 사람들이 없었다. 지난 이틀 동안 예배 20분 전이면 앞쪽 좌석이 꽉 찼는데 계엄으로 인해 사람들이 예배에 나오지 못한 것 같았다. 착잡한 심경을 금할 길이 없었다. 방법이 없었다. 그저 기도했다. 하나님께서 우리나라를 지켜주시길, 예배 가운데 은혜를 주시길 간구했다.

예배가 시작되고 20분 동안 찬양한 다음 설교 시간이 되었다. 대기실을 나와 강단에 섰다. 두렵고 떨리는 마음으로 회중을 바라본 순간, 깜짝 놀랐다. 예배당이 만석이었다. 청년들로 가득했다. 눈물이 나려는 걸 억지로 참았다. 계엄에도 불구하고 예배에 나온 청년들의 모습이 그렇게 아름다울 수 없었다. 그날 하나님은 특별한 은혜를 주셨다. 예배를 사모하는 이들에게 놀라운 은혜를 부어주셨다.

그날이 더욱 감격스러운 이유가 있었다. 청년들이 예배에 나온 목적을 알기 때문이다. 해외 비전트립과 국내 봉사활동을 준비하기 위해서였다. 낮은 데에 있는 소외된 이웃에게 복음을 전하고, 손을 잡아주기 위해 3주 동안 특별새벽기도회로 모였다. 이웃을 더 사랑하고 싶어서 영적으로 무장하려고 모였다. 하나님을 사랑해서 이웃을 사랑하겠노라고 헌신된 청년들이 너무 아름다웠다.

그리고 그곳엔 청년들만 있지 않았다. 노숙인들이 있었다. 노숙인들이 와서 예배를 드렸다. 성도님들이 노숙인들을 위한 아침식사를 준비했고, 함께 식사했다. 지체장애인들이 새벽에 전동휠체어를 타고 예배를 나왔다. 집에서 교회까지 몇 시간 거리였다. 그럼에도 고생길을 마다 않고 와서 예배를 드렸다. 전날 계엄이 터졌는데도 개의치 않았다. 어떤 어려움도 그들의 예배를 막지 못했다.

송태근 목사님과의 대화 중, 큰 울림을 주는 말씀이 있었다.

"해석은 현장에서 나옵니다."

삼일교회가 송태근 목사님의 설교가 좋아서 유명하다고 생각했다. 매일 책상에서 설교 준비만 하시는 줄 알았다. 연구에 전념하시니 깊이 있는 설교가 가능한 줄로만 알았다. 그런데 직접 와서 보니 그게 전부가 아니었다. 목사님은 늘 현장을 찾아다니셨다. 오래전, 장애인들과 함께 예배를 드리던 중 예수님의 성육신을 깊이 깨달으셨다. 낮은 데를 향한 치열한 몸부림이 있으셨다. 현장에 있을 때, 말씀이 새로워지고 깊어졌노라고 고백하셨다.

그제야 왜 목사님의 설교가 탁월한지 알았다. 말씀의 해석은 현장에 있다는 목사님의 신념이 오늘날의 목사님을 만들었다. 목사님을 꼭 닮은 청년들도 늘 현장을 찾았다. 방학 때면, 누구나 할 것 없이 국내와 해외에 비전트립과 봉사를 떠났다. 그렇게 교회는 청년 성도들로 가득했다.

전국에 많은 교회들을 만났다. 청년들이 교회를 떠나는 세태를 정면으로 거스르는 교회들을 보았다. 청년들이 모여드는 교회들이 지금도 엄연히 존재했다. 그런 교회들의 공통점이 있었다. 낮은 데를 갈망했다. 소외된 이웃을 도왔다. 교회가 작아도, 재정이 없어도, 먼저 그 일에 헌신했다. 그런 교회에 청년들이 모였다. 세상과 구별된 삶을 지향하는 교회를 향한 청년들의 갈급함을 보았다. 성경을 삶으로 살아내려 몸부림치는 교회에 청년들이 모였다. 함께 모여 예배함으로 높은 곳에 계신 하나님을 만났고, 흩어져 구제함으로 낮은 곳에 계신 하나님을 만났다. 그리고 다시 모이면, 자신들이 만난 하나님 이야기를 나눴다.

현장을 갈망하는 공동체의 특징이 있었다. 자신을 자랑하지 않았다. 어디 해외여행을 다녀왔다거나, 명품백을 샀다거나, 주식이 올랐다는 이야기를 하지 않았다. 그저 하나님을 자랑했다. 현장에서 내가 만난 하나님을 자랑하기에 바빴다. 그런 이들이 모인 공동체가 가지는 힘은 강력했다. 그리스도를 위한 수고를 자랑했다. 그리스도를 위하여 받는 고난을 자랑했다. 고난받음을 자랑하고, 고난받음을 부러워하는 공동체는 세상이 감당치 못한다.

언젠가부터 교회는 그리스도를 위하여 고난받음을 자랑하는 것이 아니라, 고난 없는 삶을 자랑하기 시작했다. 내가 고난당하지 않음을 자랑했다. 고난과 고통이 없는 삶을 자랑하기에 바빴다. 그것을 간증이라 하고, 다행이라 여기며 살아왔다. 그런데 성경에 우리 믿음의 선배들은 누구도 예외가 없다. 전부 고난을 당했다. 억지로 고난 당하는 것이 아니었다. 주님이 날 위해 십자가 고난을 당하셨으니, 내가 주님을 위하여 기꺼이 고난 당하는 삶을 선택했다.

그런데 우리가 놓치는 것이 있다. 하나님은 주의 이름을 위하여 고난받을 자격이 있는 사람에게만 고난을 허락하신다. 고난받을 만한 자에게 고난을 허락하신다. 고난 당할 만한 믿음이 있는 사람에게 주님을 위한 고난을 허락하신다. 내 삶에 고난이 없다는 건, 그런 자격이 안 된다는 것이다. 내가 하나님께 인정받지 못한다는 것이다. 내가 하나님 보시기에 한참 미달이라는 것이다. 사도들은 주의 이름을 위하여 고난받는 것을 기뻐했다. 복음을 전하다 투옥되어서 핍박받는데 기뻐했다.

> "사도들을 불러들여 채찍질하며 예수의 이름으로 말하는 것을 금하고 놓으니 사도들은 그 이름을 위하여 능욕 받는 일에 합당한 자로 여기심을 기뻐하면서 공회 앞을 떠나니라"(사도행전 5:40-41).

사도들은 고난 당함을 오히려 기뻐했다. 고난받기에 합당한 자로 여김 받음에 기뻐했다. 주님이 나를 인정해주셨다는 사실에 기쁨을 주체하지 못했다. 감옥을 나가자마자 복음을 전했다. 소외된 이웃을 구제했다. 주를 위한 고난의 삶을 기꺼이 다시 선택했다. 나를 위해 생명 주신 주님의 사랑에 보답하는 인생으로 부름 받음을 기뻐했다. 그 사랑이 고마워 기꺼이 자신의 삶을 드렸다. 억지로 하지 않았다. 주님을 향한 고마움과 사랑으로 기꺼이 헌신했다. 그리고 그들은 기어이 세상을 바꿨다. 그들의 고난이 소망 없는 세상을 변화시켰다.

우리의 인생은 참 짧다. 짧은데 게다가 빠르게 지나가기까지 한다. 썩어질 육신을 위해 사는 삶의 공허함을 우리는 이미 경험적으로 알고 있다. 그런 우리를 위해 예수님이 이 땅에 오셨다. 그리고 가치 있는 삶이 무엇인지 몸소 보여주셨다. 우리가 알아듣기 쉽게 알려주시려 여러 비유를 들어서 이야기해주셨다. 공허하고 헛헛한 인생을 벗어날 길을 알려주셨다. 가치 있는 인생, 보람찬 삶을 갈망한다면 예수님의 이야기에 귀 기울여보자. 그 이야기를 지금 시작한다.

01 선한 사마리아인의 목적지

정답을 알되 행하지 않는 율법교사

한 율법교사가 예수님을 찾아왔다. 율법교사는 유대인들에게 율법을 가르칠 정도로 율법에 능통했다. 유대인들 자체가 율법에 능통했는데, 그들에게 율법을 가르칠 정도로 탁월했다. 그는 예수님을 시험하려고 찾아왔다. 예수님을 넘어뜨리려고 했다. 그가 예수님께 한 가지 질문을 했다.

"선생님, 내가 무엇을 하여야 영생을 얻으리이까?"(누가복음 10:25)

질문을 들으신 예수님이 율법교사에게 되물으셨다.

"율법에 무엇이라 기록되었으며, 네가 어떻게 읽느냐?"(누가복음 10:26)

율법교사가 자신 있게 대답했다.

"네 마음을 다하며, 목숨을 다하며, 힘을 다하며, 뜻을 다하여 주 너의 하나님을 사랑하고, 또한 네 이웃을 네 자신 같이 사랑하라 하였나이다"(누가복음 10:27).

정답이었다. 율법교사는 정답을 알고 있었다. 예수님도 율법이 하나님 사랑과 이웃 사랑이라고 말씀하셨다. 율법교사가 예수님과 똑같은 말을 하고 있는 것이다. 율법의 핵심을 정확히 꿰뚫고 있었다. 자신만만한 율법교사에게 예수님이 다시 말씀하셨다.

"네 대답이 옳도다. 이를 행하라. 그러면 살리라"(누가복음 10:28).

순간, 율법교사의 마음이 철렁했다. 예수님이 전혀 예상외의 답을 하셨기 때문이다. 예수님의 답은 "네 대답이 옳도다"에서 끝났어야 했다. 그런데 예수님이 한 걸음 더 나아가신 것이다. "이를 행하라. 그러면 살리라." 율법교사를 뒤흔드는 답변이었다.

율법교사는 제대로 알면 구원받는다고 생각했다. 율법을 통째로 외우고, 율법의 핵심을 정확히 꿰뚫고 있기에 구원을 확신했다. 율법에 통달했기에 구원을 의심하지 않았다. 그런데 예수님은 아는 것으로는 부족하다고 말씀하셨다. 아는 것을 행하라고 하셨다. 실천해야 산다고 말씀하셨다. 아는 것을 행하지 않은 율법교사의 민낯을 드러내셨다.

율법교사는 당황했다. 전혀 예상도 대비도 못한 예수님의 답변에 허를 찔렸다. 부끄러움에 얼굴이 화끈거렸다. 붉어진 얼굴로 무슨 말을 해야 할지 몰라 주저했다. 예수님의 대답에 지기 싫었다. 어떻게든 예수님의 주장을 반박하고 싶었다. 사람들 앞에서 자기를 옳게 보이고 싶어서 다시 질문했다(눅 10:29).

"그러면 내 이웃이 누구입니까?"

예수님은 그에게 한 가지 이야기를 들려주셨다. 그 유명한 선한 사마리아인의 이야기였다.

하나님을 사랑하되 이웃을 사랑하지 않는 자들

어떤 이스라엘 사람이 예루살렘에서 여리고로 내려갔다. 그는 예루살렘 성전에서 제사를 마치고 돌아가는 길이었다. 예루살렘은 이스라엘의 종교, 정치, 문화, 사회의 중심지였다. 여리고는 교통의 요충지였다. 때문에 예루살렘에서 여리고로 많은 물자들이 오갔다. 그런데 그 길은 굉장히 가파른 길이었다. 예루살렘은 해발 780m의 고지대이다. 여리고는 해수면보다 390m 아래에 있는 저지대이다. 고산지대인 예루살렘에서 저지대인 여리고로 가는 길은 급한 경사가 진 길이었다. 길 자체도 위험했지만, 더 위험한 것은 강도들이었다. 물자들을 약탈하고, 사람들의 것을 빼앗는 강도들이 출몰하는 곳이었다.

여리고로 내려가던 이스라엘 사람이 강도들을 만났다. 강도들이 그를 폭행하고, 돈을 강탈했다. 옷도 벗겼다. 옷을 도둑질한 것이다. 당시에는 천이 귀했기에 옷이 비쌌다. 강도는 모든 것을 빼앗아갔다. 이스라엘 사람은 발가벗겨진 채, 피를 흘리며 길에 쓰러져 있었다. 거의 죽을 지경이었다. 소리 지를 힘도 없었다. 손가락 하나 까딱할 수 없고, 도움을 구할 수도 없었다. 점차 정신이 희미해져만 갔다.

잠시 후, 한 제사장이 그 길을 지나갔다. 제사장은 쓰러진 사람을 발견했다. 분명히 보았다. 쓰러진 사람을 보고 "피하여" 지나갔다. 길가가 아닌, 한복판에 쓰러진 그를 피해서 지나갔다. 제사장은 서둘러 그 자리를 떠났다. 제사 때문에 그랬을까? 혹시라도 제사장이 죽은 사람을 만지면 부정해지는데 부정해지면 제사를 집전할 수 없기 때문이다. 그런데 제사장은 제사를 드리러 가는 길이 아니었다. 그는 예루살렘이 아니라, 여리고로 내려가는 길이었다. 고산지대인 예루살렘에서 저지대인 여리고로 내려가는 중이었다.

당시 여리고에는 제사장과 레위인들이 많이 모여 살았다. 그들의 집이 있었다. 따라서 제사장은 당장 제사를 드리러 가는 길이 아니라 제사를 마치고 집으로 돌아가는 길이었다. 강도 만난 자를 살펴봐도 전혀 상관이 없었다. 그런데 그는 그냥 지나쳤다. 사람이 쓰러져 피 흘리며 죽어 가는 참혹한 모습을 모른 체했다. 누구보다 하나님과 가까웠을 제사장인데, 누구보다 하나님을 사랑했을 제사장인데, 그는 이웃은 사랑하지 않았다. 사랑은커녕 철저히 외면했다.

제사장이 떠난 뒤에, 이번에는 레위인이 그 길을 지나갔다. 레위인도 쓰러진 자를 보았지만 그냥 지나쳤다. 제사장처럼 쓰러진 자를 보고 "피하여" 지나갔다. 제사의 업무를 마친 제사장이 여리고로 내려갔던 것처럼, 레위인도 귀가하는 길이었을 것이다. 제사장과 레위인은 함께 움직였기 때문이다. 레위인은 바쁜 일정이 있지 않았다. 쓰러진 자를 돌봐도 아무 상관이 없었다. 아니 그래야만 했다. 그런데 그도 제사장처럼 강도 만난 자를 외면했다.

레위인은 태어나면서부터 구별된 사람들이다. 제사장을 도와 성전에서 봉사하기 위해 선택된 사람들이다. 하나님과 가깝기로는 제사장 다음이라고 할 수 있고, 하나님을 섬기는 것으로는 제사장과 버금갔다. 그런 레위인이 죽어 가는 이웃을 외면하고 제사장처럼 모른 체하고 지나쳤다. 누구보다 하나님을 사랑한다고 여기며 살았을 레위인은 이웃을 사랑하지 않았다. 제사장도 레위인도 이웃을 철저히 외면했다.

제사장과 레위인은 성전에서 제사를 집전했다. 뿐만 아니라, 백성들에게 율법을 가르쳤다. 율법에 기록된 하나님 사랑과 이웃 사랑을 누누이 강조하여 가르쳤다. 그런 그들이 죽어 가는 이웃을 외면했다. 이웃을 사랑하라고 가르치는 그들이 정작 이웃을 사랑하지 않았다. 이중성이 홀로 있을 때 여실히 드러났다. 예루살렘에서 여리고로 내려가는 그 길에 보는 사람은 아무도 없었다. 눈치 볼 사람도 없고, 의식할 이도 아무도 없었다. 물론, 하나님도 의식하지 않았다. 보는 사람이 없으니, 평소 행동이 나온 것이다. 누구보다 하나님을 사랑한다고 자부하고, 백성들에게 믿음의 사람으로 존경을 받는 제사장과 레위인은 기어이 죽어 가는 사람을 외면했다.

사마리아인이 쓰러진 자를 외면하지 않은 이유

제사장과 레위인이 떠나간 자리에 의외의 사람이 등장했다. 바로 사마리아인이었다. 사마리아는 이스라엘의 북쪽에 있는 곳으로 예루살렘에서 북쪽으로 70km 떨어진 곳이었다. 옛적에 이스라엘이 북이스라엘과 남유다로 분단되었을 때, 사마리아는 북이스라엘의 수도였다. 북이스라엘이 앗수르에 의해 멸망을 당하자, 사마리아에 있던 사람들이 포로가 되어 끌려

갔는데 앗수르는 여러 식민지의 이방인들을 사마리아로 강제 이주시켰다. 사마리아에 남아 있던 소수의 이스라엘 사람들과 이방인들이 섞여 살기 시작하면서 그들이 결혼을 하고 자녀들을 낳으며 그 땅은 자연스레 혼혈인들의 땅이 되었다.

이스라엘은 전통적으로 단일민족을 강조했다. 단일혈통만을 인정했다. 때문에 사마리아인들은 이스라엘 안에 살았지만, 이스라엘 사람들로 인정받지 못했다. 저주받은 사람들이라고 여겼다. 하나님과는 전혀 상관없는 이방인이라고 여겼다. 오히려 이방인보다 더 경멸하고 무시를 당하며 사람 취급을 받지 못했다.

그런데 사마리아인이 사마리아도 아닌, 예루살렘으로 가는 길목에 나타났다. 사마리아인은 강도 만난 자를 주목해 보았다. 쓰러진 그를 불쌍히 여기며 다가가서 기름과 포도주를 상처에 부었다. 기름은 통증을 가라앉히고, 포도주는 상처를 소독했다. 그리곤 상처를 천으로 싸맸다. 의료용 천이 따로 있는 것이 아니었기에, 자신의 옷을 찢었다. 입고 있던 옷을 찢어서 상처를 싸매주었다. 자기 짐승에 태워서는 인근 여관에 데려가 밤새 그를 돌봐주었다.

사마리아인은 다음 날 새벽에 일찍 여관을 떠났다. 어제 일정이 지체되어 새벽부터 움직인 것이다. 강도 만난 자를 돌보느라 급한 일을 뒤로 미루었다. 아무리 중요한 일이라고 할지라도 사람 목숨보다 소중한 것은 없기 때문이다. 밤새 간호하는 중에 그가 호전되었기에 새벽 일찍 떠난 것이다. 사마리아인은 결코 한가한 사람이 아니었다. 바쁜 사람이었다. 그럼에도 죽어 가는 이를 살렸다. 제사장과 레위인과는 확연히 다른 사람이었다. 바쁜 일이 없음에도, 제사가 없음에도, 집에 가는 길이면서도 강도 만난 자를 외면한 그들과 극명하게 대조되었다.

사마리아인은 새벽에 여관을 떠나며 주인에게 부탁했다.

"이 사람을 잘 돌보아 주십시오. 비용이 더 들면, 제가 돌아올 때에 갚겠습니다."

주인에게 두 데나리온을 건네며, 병자를 돌봐줄 것을 부탁했다. 돌보는데 더 비용이 들면 돌아올 때 갚겠다고 하면서 다시 돌아올 것을 약속했다. 생면부지의 사람임에도 끝까지 책임지겠다는 것이다. 사랑은 끝까지 책임지는 것임을 몸소 보여주었다.

하나님 사랑과 이웃 사랑을 누구보다 잘 알고, 가르치는 제사장과 레위인은 아는 것을 실천하지 못했다. 이웃을 사랑하지 않았다. 하나님을 향한 열심은 있었지만, 이웃을 향한 열심은 없었다. 그가 촌각을 다투는 환자였음에도 외면하는 지경에까지 이르고 말았다. 결국 이웃을 사랑하지 않은 제사장과 레위인은 하나님을 사랑하지 않은 자들이었다. 눈에 보이는 형제를 사랑하지 못하는 사람이 보이지 않는 하나님을 사랑할 수 없다.

사마리아인은 강도 만난 자를 사랑했다. 생면부지의 사람, 더군다나 자신을 무시했던 이스라엘 사람을 아무 조건 없이 끝까지 사랑했다. 그 이유는 바로 그가 하나님을 사랑했기 때문이다. 사마리아인은 하나님을 사랑했기에 이웃도 사랑했다. 하나님을 사랑하는 자는 또한 이웃을 사랑한다. 그는 하나님을 경외하는 사람이었다. 그가 가려고 하는 목적지가 그의 하나님을 향한 사랑을 증명했다.

사마리아인의 여행의 목적지

사마리아인은 여행 중이었다. 제사장은 예루살렘에서 여리고로 내려가는 길이었다. 그런데 사마리아인은 어디로 가는지 방향을 알 수 없다. 그저 '여행 중'이라고 했다. 사마리아에서 예루살렘까지는 70km가 떨어져 있다. 자동차가 있는 세상이 아니었다. 길도 꼬불꼬불하고 험한 시대에 굉장히 먼 거리였다. 사마리아인이 사마리아를 벗어나 먼 예루살렘이 있는 곳까지 횡단한다는 것은 쉬운 일이 아니었다. 단순히 거리가 먼 것이 문제가 아니라 사마리아를 벗어나는 순간부터 기다리고 있을 온갖 핍박 때문이었다. 가는 곳곳마다 사람들의 따가운 눈총을 받아야만 했고, 무시와 질시를 감수해야만 했다. 이스라엘인들에게 욕을 먹고, 손가락질을 부지기수로 당했을 것이다. 그럼에도 그는 여행을 지속했다. 꼭 가야만 할 곳이 있었다.

사마리아인이 어디로 가는 길이었는지 목적지를 정확히 알 수는 없다. 하지만, 한 가지 확실한 것이 있다. 그가 예루살렘과 여리고로 가는 길목에 있었다는 것이다. 예루살렘을 가는 길이거나, 예루살렘에 이미 다녀왔거나 둘 중에 하나라는 의미이다. 어떤 방향이든 상관없이 그의 여행지에는 예루살렘이 포함되어 있었다. 강도 만난 자를 돌보고 새벽에 길을 떠나면서 사마리아인이 남긴 말이 있다.

"비용이 더 들면, 제가 돌아올 때에 갚겠습니다."

그의 여행은 아직 끝나지 않았다는 의미였다. 목적지에 도착하지 않았다. 여행의 목적지를 방문하고, 다시 돌아와 병자를 돌보겠다고 약속했다. 사마리아로 갔다가 돌아오겠다는 말이 아니었다. 사마리아를 다시 갔다가 돌아오는 것은 많은 시간이 소요된다. 여관주인에게 맡긴 두 데나리온으로는 부족했다. 오래 걸리지 않아 다시 돌아올 것을 약속한 것이다.

아마도 사마리아인의 목적지는 예루살렘이었을 것이다. 예루살렘에 꼭 가야만 하는 이유가 있었다. 바로 그곳에 성전이 있었기 때문이다. 예루살렘은 하나님을 예배하는 곳이었다. 그래서 그는 예루살렘으로 여행을 떠났다. 심한 고생의 길을 기꺼이 감수했다. 욕하고, 무시하고, 조롱하는 사람들을 지나쳐야만 했다. 그럼에도 그는 포기하지 않았다. 하나님을 예배하고 싶었다. 하나님을 만나고 싶었다. 하나님을 사랑했기에 어떤 고난과 핍박도 이길 수 있었다.

예배가 갈급한 사마리아인들

그런데 사마리아 사람들은 예루살렘에 와서 예배를 드리지 않았다. 그들의 조상 때로부터 내려오는 예배처소가 따로 있었다. 바로 그리심산이었다. 그들은 그리심산에 자기들만의 성전을 지었고, 그곳에서 예배했다. 그런데 그리심산은 하나님이 정하신 예배처소가 아니었다. 예루살렘 성전이 하나님이 정하신 예배처소였다. 그래서 사마리아인들은 갈급함을 느꼈다. 그리심산에서 예배했지만, 목마름이 채워지지 않았다. 그들은 모두 하나같이 갈급했다.

하루는 예수님이 사마리아를 지나가셨다. 수가성에 있는 한 여인을 만나기 위해서였다. 그 여인은 해가 가장 뜨거울 정오에 물을 길러왔다. 사람들의 눈을 피해 아무도 없는 시간에 우물을 찾았다. 사람들을 피해야 할 어떠한 사정이 있는 것처럼 보였다. 예수님은 그녀에게 물을 좀 달라고 하셨다. 그녀가 깜짝 놀랐다. 사마리아 사람을 개 취급하는 유대인 남자가 자기에게 말을 거니 놀랄 수밖에 없었다. 여인은 예수님과 대화를 했다. 예수님은 여인에게 영원히 목마르지 않을 물을 주겠다고 하셨다. 여인은 사람들의 눈을 피해 물 뜨러 오는 것이 고되었기에 그 물을 자신에게 달라고 하였다. 그런데 예수님이 여인을 더욱 놀라게 하는 말씀을 하셨다.

> "네가 남편이 다섯이 있었고, 지금 동거하는 사람도 너의 남편이 아니다."

예수님은 그녀가 여러 번 결혼에 실패한 것을 알고 계셨다. 여인이 깜짝 놀랐다. 처음 만난 유대인 남자가 자기에 대해 속속들이 알고 있었기 때문이다. 자기의 갈급한 내면을 알았다. 삶의 내밀한 이야기들도 알고 있었다. 그래서 여인은 예수님을 선지자로 여겼다. 예수님을 선지자 같다고 말했다. 예수님을 신령한 사람으로 여긴 것이었다. 여인은 마음 가장 깊은 곳에 있는 질문을 예수님께 했다. 꼭 알고 싶었던 한 가지를 예수님께 물어보았다.

> "우리 조상들은 그리심산에서 예배하였는데, 당신들은 예배할 곳이 예루살렘에 있다고 합니다."

여인은 예수님께 예배에 관하여 물어봤다. 어디를 가면 하나님께 예배할 수 있는지 물어본 것이다. 그토록 신령한 사람이라고 여긴 예수님을 눈앞에 둔 여인의 질문은 예배였다. 의외였다. 보통은 신령한 사람을 만나면, 사람들의 질문은 정해져 있다.

"어디를 가야 귀인을 만나나요? 뭘 조심해야 하나요? 어떻게 해야 성공할 수 있나요? 어디에 투자해야 돈을 벌 수 있나요?"

그런데 여인은 그런 것을 물어보지 않았다. 누가 내 진짜 남편인지도 물어보지 않았다. 내 진정한 사랑은 어디에 있는지도 물어보지 않았다. 예배를 물어보았다. 남편을 다섯 번이나 바꿀 정도로 내 마음의 공허함을 채우려 몸부림쳤던 여인은 하나님을 예배하고 싶었다. 하나님을 만나고 싶었다. 공허함의 끝에 다다른 사람은 안다. 하나님만이 나의 공허함을 채울 유일한 분이라는 것을 안다. 사마리아의 그리심산에서 그렇게 예배를 드려도 하나님을 만나지 못했다. 그래서 예루살렘에 가면 예배할 수 있는지 물어본 것이다.

우리의 마음은 갈급하다. 타는 목마름을 느낀다. 공허함을 채우려 부단히 여기저기 다녔다. 외로움을 해소하려 줄기차게 사람을 만났다. 갈급함을 채우려 안 먹어 본 것이 없었다. 그런데 소용없었다. 갈증은 점점 심해졌다. 그간 우리는 바닷물을 들이켰다. 마셔도, 마셔도 갈증만 더하는 바닷물을 끝도 없이 들이켰다. 이제 그만 속아야 하겠다. 우리의 갈증을 채울 수 있는 물은 하나님께 있다. 하나님을 만날 때, 비로소 우리의 갈급함이 채워진다. 쏟아지는 마음의 구멍이 메워진다. 하나님을 찾아야만 한다. 하나님께 나아가야만 한다. 하나님을 만나야 한다. 하나님이 주시는 영원한 생수를 벌컥벌컥 들이켜야 한다. 그제야 마음이 시원해진다.

하나님을 예배하려 예루살렘을 향한 사마리아인

수가성의 여인처럼 사마리아인들에게는 갈급함이 있었다. 그렇다고 사마리아인이 예루살렘 성전에 갈 수도 없는 노릇이었다. 거리도 멀뿐더러, 수많은 난관이 불 보듯 뻔하기 때문이다. 그런데 그 길을 나선 이가 있었다. 바로 선한 사마리아인이었다. 아무리 멀고 험해도, 고난이 따른다고 해도 하나님을 예배하고 싶어 여행을 떠났다. 하나님을 만나려는 일념으로 먼 길을 여행한 것이었다. 그는 하나님을 경외하는 자였다. 하나님을 진정으로 사랑하는 자였다. 하나님을 얻으려 하나님을 사랑했다. 하나님을 만나려 하나님을 사랑했다. 하나님이 좋아서 하나님을 사랑했다.

그래서 사마리아인은 강도 만난 자를 지나칠 수 없었다. 내가 사랑하는 하나님이 강도 만난 자를 사랑함을 알기 때문이다. 버려진 그를 하나님께서 소중히 여기심을 믿기 때문이다. 하나님을 경외하는 자는 세상을 다르게 본다. 다른 사람들과 같은 시각과 태도로 세상을 살아가지 않는다. 하나님을 경외하는 자의 마음에 하나님이 있다. 그 마음이 하나님의 마음이 되었다. 내 마음과 눈이 하나님의 마음과 눈이 되었기에 어려움을 당한 이웃을 그냥 지나치지 못한다. 사람의 시선으로 보면 세상에서 실패한 사람, 사람들에게 버림당한 사람으로 보이지만, 하나님의 시선으로 보면 자식이기 때문이다. 하나님이 지으시고, 사랑하시는 자식으로 보이고 느껴진다. 예수님처럼 마음에 들끓는 긍휼로 바라보고 대할 수밖에 없다. 결국 사마리아인이 강도 만난 자를 사랑한 원동력은 하나님 사랑에서 나왔다. 누구보다 하나님을 사랑했기에 이웃도 사랑했다.

제사장, 레위인과 같은 우리의 모습

제사장과 레위인은 하나님을 사랑한다고 자신만만했지만, 정작 이웃을 사랑하지 못했다. 결국, 그들의 마음에는 하나님이 없었다. 마음에 하나님이 없기에 긍휼도 자비도 사랑도 아무것도 없었다. 그들이 하나님을 사랑하지 않는다는 사실이 이웃을 사랑하지 않음에서 단적으로 드러난 것이다. 누구보다 하나님을 사랑한다고 자신만만했지만, 그들은 하나님을 사랑하지 않았다. 하나님과 아무런 상관도 없는 삶을 살았다. 예수님은 그들의 사랑 없음을 드러내셨다. 하나님을 사랑하지 않아, 이웃을 사랑하지 않는 민낯을 드러내셨다.

우리에게도 제사장과 레위인의 모습이 있음을 부인할 수 없다. 하나님을 사랑한다고 하지만, 이웃을 사랑하지 않는다. 이웃을 사랑하지 않는 것의 심각성을 느끼지 못한다. 하나님을 향한 열심만 있으면 충분하다고 생각한다. 하나님 사랑과 이웃 사랑을 알고 있으니 괜찮다고 여긴다. 하나님에 관한 지식을 알고 있는 걸로 만족한다. 많이 알고 있으니 신앙생활을 잘하는 것 같다.

사람은 먹으면 비워야 한다. 음식을 많이 먹어도 비우기에 다시 음식을 맛있게 먹을 수 있다. 하지만, 우리의 머리는 그렇지 않은 것 같다. 좋은 말씀을 많이 먹는데, 도무지 비울 생각을 하지 않는다. 이미 꽉 찼는데 채우고, 또 채우기만을 반복한다. 내 입에 꿀송이 같던 말씀이 더 이상 달콤해지지 않은 지 오래이다. 이유는 간단하다. 비우지 않았기 때문이다. 행함으로 비우지 않은 연유이다. 실천으로 머리에 말씀을 비울 때, 행함으로 이미 받은 은혜를 내 삶에 펼칠 때, 우리는 다시 말씀을 맛있게 먹을 수 있다.

행하면 살아난다

예수님은 우리에게 분명히 말씀하셨다.

"이를 행하라. 그러면 살리라."

그런데 우리는 은혜를 받아야 행할 수 있다고 생각한다. 큰 은혜가 임해야만 실천할 수 있다고 여긴다. 그래서 더 큰 은혜를 사모한다. 그런데 문제가 있다. 큰 은혜를 받아도 실천하지 않는다. 실천할 생각을 하지 않는다. 그저 주저하고 또 주저한다. 그래서 더 큰 은혜를 사모한다. 나의 발걸음을 떼게 할 더 큰 깨달음을 추구한다. 매체에 나오는 유명한 목사님들의 설교들을 반복하여 듣는다. 내 머리를 뒤흔들 유레카의 순간을 고대한다.

우리는 말씀의 홍수 시대를 살아간다. 말씀은 이미 차고 넘친다. 이제는 실천해야 할 때이다. 행함으로 믿음을 드러내야 할 때이다. 실천할 때, 은혜가 임한다. 말씀에 순종할 때, 큰 은혜가 임한다. 우리는 지금껏 은혜를 받아야 순종한다고 생각했다. 은혜를 받으려 몸부림쳤는데, 은혜가 내리지 않아 곤고하고 공허한 나날을 지내왔는데, 답은 그 반대였던 것이다. 이미 아는 것을 행할 때 은혜가 임한다. 행하면 살아난다. 오히려 더 큰 은혜가 임한다. 두려움과 주저함을 딛고 한 걸음 내딛을 때, 놀라운 하나님의 임재를 경험한다. 혹시라도 지금 내가 공허하다면, 타는 목마름이 있다면, 우리는 예수님의 말씀을 기억해야 한다. "이를 행하라. 그러면 살리라." 하나님은 다 보고 계신다. 하나님은 아는 자보다 행하는 자를 더 귀히 여기신다. 행하는 자를 친히 도우신다. 이미 때가 찼다. 행하면 살아난다.

함께 묵상

제사장과 레위인은 바쁘지 않았음에도 죽어 가는 이를 외면했다. 그러나 사마리아인은 바쁜 일정이 있음에도 죽어 가는 이를 외면하지 않았다. 극진히 돌봐주고, 끝까지 책임지겠다며 다시 돌아올 것을 약속했다. 사마리아인은 본래 착한 사람이어서 그런 것이 아니었다. 하나님을 사랑했기에 이웃도 사랑했다. 하나님을 많이 사랑했기에 이웃도 많이 사랑했다.

Q1. 급하게 어디를 가던 중, 그냥 지나쳐서 마음이 쓰인 사람이 있었나요?

Q2. 그때 멈춰서 그를 도왔다면 어떤 일이 일어났을까요?

Q3. 하나님을 사랑하면 이웃을 사랑한다는 말씀처럼, 하나님을 더욱 사랑하기 위해 지금 무엇을 시작할 수 있을까요?

Q4. 누군가를 섬길 때, 나의 마지노선은 어디까지인가요? 끝까지 책임지는 사마리아인을 보며 어떤 마음이 들었나요?

Q5. 예수님은 "이를 행하라. 그러면 살리라"라고 말씀하셨습니다. 살아나기 위해 당장 무엇을 실천할 수 있을까요?

Blue Note 1
행함으로 살아난 청년

타지역에 성도를 심방하고 귀가하는 길이었다. 식사 때를 놓쳐서 도로 옆에 한식뷔페를 갔다. 내가 가장 좋아하는 제육볶음이 시선을 사로잡았다. 순간, 이성의 끈이 풀렸다. 제육볶음을 산처럼 쌓아서 먹었다. 한참을 게걸스럽게 먹는데, 뒤에서 인기척이 들렸다. 뒤돌아보니 덩치가 큰 남자 청년이 서서 나를 바라보고 있었다. 내가 제육볶음을 많이 퍼가서 그러나 싶어 움찔했다. 청년이 조심스레 내게 물었다.

"혹시, 서진교 목사님 아니신가요?"

순간 당황했다. 게걸스럽게 먹느라 입에 제육볶음 소스가 묻어 있었기 때문이다. 아니라고 말하고 싶었지만, 누가 봐도 나였기에 순순히 시인했다. 순간 청년의 얼굴이 환해졌다. 활짝 웃는 얼굴로 반가워하며, 얼마 전 일어난 일의 이야기를 들려주었다.

청년은 오랫동안 교회를 다녔다. 그 교회는 기도를 굉장히 뜨겁게 오랫동안 하는 교회로 유명했다. 어느 날, 청년에게 신앙의 슬럼프가 찾아왔다. 한동안 매너리즘에 빠진 채 살았다. 기도를 많이 하는 교회이기에 열심히 기도했다. 그런데 쉽게 해결되지 않았다. 그러던 차에 유튜브로 내가 나온 방송을 보았다. 평소 보는 방송이 아니었는데, 때마침 내가 나온 것이었다.

낮은 데에 가서 예수님을 만나자는 메시지가 청년의 마음을 울렸다. 지극히 작은 자의 손을 잡을 때, 예수님의 임재를 경험한다는 메시지가 마음에 꽂혔다. 청년은 낮은 데로 가서 작은 자들을 만나기 시작했다. 그곳에서 예수님을 만났다. 하나님이 청년의 마음을 회복시키셨다. 청년은 내가 쓴 책을 사서 보고, 내가 나온 영상을 주변 지인들에게 다 퍼뜨렸다. 그러다가 식당에서 밥을 먹고 있는 나를 만나서 깜짝 놀란 것이다. 청년은 덕분에 신앙이 회복되었다며 연신 감사하다고 했다. 나도 연신 소스 묻힌 입으로 하나님의 은혜만을 고백했다. 그 식당은 나도 청년도 사는 동네가 아니었다. 일터도 아니었다. 둘 다 식사 때를 놓쳐 우연히 들린 식당에서 마주친 것이었다. 그렇게 청년과 인사하고는 조신하게 남은 제육볶음을 먹었다.

신앙의 매너리즘에 빠진 수많은 신자들을 만난다. 열심히 기도해도 하늘이 막힌 것 같은 날들이 있다. 답답해서 복장이 터질 것 같을 때가 있다. 그럴 때면, 나는 낮은 데를 갔다. 그곳에서 예수님을 만났다. 주님은 거기 계셨다. 아무리 물어도, 울어도 대답이 없으셨던 주님이 거기서 나를 기다리고 계셨다. 그곳에서 온전한 회복을 경험하였다. 내가 아는 주님의 말씀을 실천할 때, 큰 은혜가 임했다. 은혜가 임해야만 실천한다고 생각했는데, 오히려 먼저 행하니 은혜가 임했다. 행하니 살아났다. 그런 이야기들이 도처에서 우후죽순 들려온다.

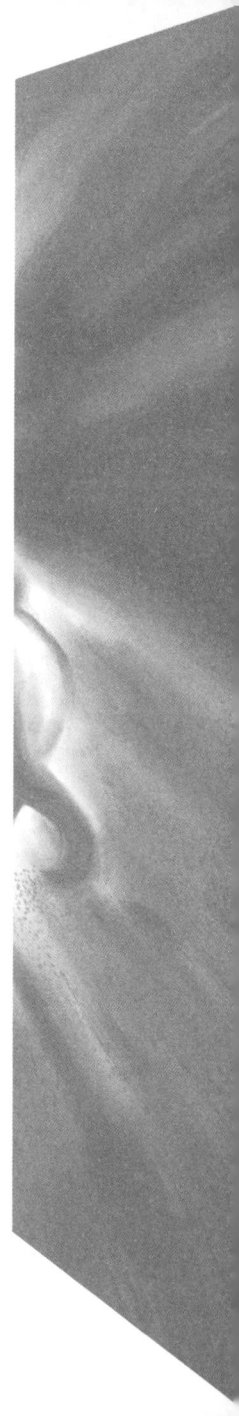

02 종들이 기뻐한 이유

아들에서 종이 되기까지

한 마을에 아버지와 두 아들이 살고 있었다. 아버지는 굉장히 큰 부자였다. 많은 재산과 종들을 거느렸다. 첫째 아들은 성실했다. 아버지를 도와서 열심히 일했고, 아버지의 신임이 두터웠다. 그런데 둘째 아들이 문제였다. 도무지 일할 생각을 하지 않았다. 아버지의 돈을 흥청망청 쓰면서 아버지의 말에 순종하지 않았다. 아버지의 말도 따르지 않은 아들은 다른 사람에게도 무례했다. 부잣집 아들이자 막내이기에 안하무인이었다. 다른 사람들에게도 그러한데, 하물며 집에 있는 종들이야 말할 것도 없었다. 종들을 사랑하고 존중하는 아버지와 달리 둘째 아들은 종들을 하대하고 참 많이도 괴롭혔다. 참으로 방탕한 삶을 살았다.

말 많고, 탈 많던 둘째 아들이 어느 날 아버지를 찾아왔다. 아버지에게 유산을 미리 달라고 당당히 요구했다. 두 눈 시퍼렇게 뜨고 살아 있는 아버지에게 유산을 요구한 것이다. 아버지가 건강을 잃지도 않았다. 위중하여 죽을 날을 눈앞에 두지도 않았다. 그런데 아버지에게 유산을 미리 달라고 요구한 것이다. 아들은 지금 제 정신이 아니었다. 갈 데까지 가고야 만 것이다.

성경에는 부모에게 패역한 이런 아들을 심판하라고 기록되었다. 부모의 말도 듣지 않고, 술에 취하여 방탕한 자식을 돌로 쳐서 죽이라고 했다. 그들이 사는 동네, 속한 공동체에서 악을 제하라고 하셨다(신 21:18-21). 모든 이스라엘 사람들은 그 말을 듣고 두려워했다. 그 말을 마음에 새겼다. 둘째 아들이 정확히 일치했다. 심판받아 죽어야 할 만큼 패역한 아들이었다. 그런데 아버지는 아들을 심판대에 세우지 않고 그저 아들의 요구를 들어주었다. 재산을 정리하여 아들에게 내주었다.

아들은 즉시로 재산을 다 가지고 다른 나라로 떠났다. 아버지가 없는 곳에서 보란 듯이 살겠다며 집을 뛰쳐나가 외국에서 허랑방탕한 삶을 살았다. 유흥으로 흥청망청 돈을 썼다. 수많은 사람들이 그의 곁에 모였다. 그가 좋아서가 아니라 그저 그가 가진 돈을 탐했을 뿐이다. 아들은 순식간에 그 많던 재산을 다 탕진했다. 모든 걸 다 잃었다. 재산만 잃은 것이 아니었다. 친구라고 여겼던, 그렇게 믿었던 사람들도 다 잃어버렸다. 돈이 많을 때 함께하던 친구들이 다 온데간데없이 사라졌다. 그렇게 잘해줬는데, 그 누구도 아들을 돌아보지 않았다. 돈을 보고 따른 사람들이기에 무일푼이 된 아들에게 더 이상 볼일이 없었다.

때마침 그 땅에 흉년이 들었다. 경제가 바닥으로 곤두박질쳤다. 아들은 그야말로 거지가 되었다. 살 집도, 먹을 밥도 없었다. 어떤 사람의 집에 붙어 살기 시작했다. 종이 된 것이다. 순식간에 사람대접도 못 받는 인생으로 전락했다. 아버지의 집에서 수많은 종들을 거느리며 살던 아들은 먼 타국에서 종이 되어 버리고 말았다. 그런 아들은 돼지를 치는 일을 했다. 돼지 떼에 갇혀서 하루 종일 고된 노동을 해야만 했다. 돼지는 이스라엘 사람들이 좋아하는 동물이 아니었다. 혐오하는 동물이다. 율법에 돼지는 부정한 동물이라고 쓰여 있다. 그토록 혐오하는 돼지와 하루 종일 같이 있어야만 했다. 그런데 일당도 받지 못했다. 노예였기 때문이다. 심지어는 밥도 제대로 못 얻어먹는 날이 많았다. 그냥 잠만 재워주는 것이 전부였다. 아들은 너무 배가 고파 돼지들이 먹는 쥐엄 열매라도 얻어먹으려 했지만, 그것조차 얻지 못했다. 쫄쫄 굶었다. 죽지 못해 살았다.

고향집 종들을 부러워한 아들

여느 때처럼 고된 하루 일과를 마치고, 아들은 어두운 방에 홀로 누웠다. 감은 두 눈에 눈물이 흘렀다. 따뜻한 고향집이 떠올랐다. 아들은 혼자 중얼거렸다.

> "내 아버지에게는 양식이 풍족한 품꾼이 얼마나 많은가. 나는 여기서 주려 죽는구나"(누가복음 15:17).

아들은 고향집에 계신 아버지를 떠올리지 않았다. 오히려 종들을 떠올렸다. 자기 집의 종들을 부러워했다. 자기처럼 악덕 주인이 아니라, 선한 주인을 모시고 사는 종들이 몹시 부러웠다. 양식이 풍족한 아버지의 종들처럼 되고 싶었다. 자존감이 바닥을 쳤다. 아들은 결심했다. 집으로 돌아가기로 했다. 아버지에게 용서를 구하기로 했다. 회개하고 다시 아들로 받아 달라는 말은 생각조차 못했다. 아예 떠올리지를 못했다. 그저 아들이 아닌, 종으로라도 받아달라고 아버지에게 간청하려 했다. 아들은 모두가 잠을 자는 틈에 몰래 빠져나와 아버지 집을 향해 도망쳤다.

며칠을 걷고 또 걸었다. 가뜩이나 먹지 못해 이미 쇠한 기력이기에 걸을 힘도 없었는데, 어디서 그런 힘이 나왔는지 몰랐다. 아마도 살 길을 찾았기 때문이다. 희망을 찾았기 때문이다. 돌아갈 곳을 찾았기 때문이다. 쉼 없이 걸은 발처럼, 머리도 쉼 없이 움직였다. 생각이 끊이지 않았다.

'아버지가 나를 용서해줄까? 나를 종으로 받아줄까? 형은 어쩌지. 형이 나를 가만히 두지 않을 텐데. 아버지 집의 종이 된다 한들, 다른 종들이 나를 환영해줄까? 내가 그렇게 괴롭혔는데, 내가 그렇게 못살게 굴었는데 그들이 나를 받아줄까?'

온갖 생각이 꼬리에 꼬리를 물었다. 집이 가까우면 가까워질수록, 그 걸음은 점점 더뎌졌다. 아버지를 만날 용기가 점점 사그라졌다.

단번에 아들을 알아본 아버지

저 멀리 고향이 보였다. 심장이 쿵쾅거리기 시작했다. 동네 입구에 다다를수록 쿵쾅거림은 더욱 거세졌다. 동네 입구에 다다르니, 더 이상 걸음을 뗄 수 없었다. 차마 아버지 얼굴을 볼 자신이 없었다. 푹 숙인 고개로 깊은 한숨이 새어나왔다. 다 왔는데, 차마 들어갈 용기가 나지 않았다. 오가지도 못하고 주저할 따름이었다.

그런데 느닷없이 누군가 아들을 덥석 끌어안았다. 깜짝 놀란 아들이 누군가 해서 보니, 바로 아버지였다. 아버지가 아들을 안고 펑펑 울고 있었다. 집에 도착하지도 않았는데, 동네 입구인데, 어떻게 알았는지 아버지가 달려와서 안아준 것이다.

아들이 떠난 날부터, 아버지는 늘 아들을 기다렸다. 떠나간 그 길의 가장 끝까지 보려고, 마을의 가장 높은 곳에 올라갔다. 아들이 떠나간 길을 하염없이 바라보았다. 언젠가는 돌아오겠지 하는 마음으로 매일 같은 자리를 지켰다. 하루도 쉬지 않았다. 아버지를 지켜보는 사람들이 걱정했다. 주인의 곁을 지키던 종들은 매일 아들을 기다리는 주인을 안타깝게 지켜

보았다.

오랜 세월이 흘렀다. 여느 때처럼 아버지는 이른 아침 마을의 가장 높은 곳에 올라가 아들이 떠나간 그 길을 바라보았다. 그런데 저 멀리서 누군가 오는 게 보였다. 바로 아들이었다. 거지꼴을 한 아들이 보였다. 아직도 거리가 먼데, 아버지는 아들을 단번에 알아보았다. 눈도 흐릿했을 노인이, 처참한 몰골의 아들을 알아보고 달려간 것이었다. 어떻게 알아볼 수 있었을까? 답은 간단하다. 자식이기 때문이다. 자식이기에 단번에 알아본 것이다. 남루해지다 못해 거지꼴을 하고 있어도, 눈이 흐릿해도 본능적으로 알아보았다. 더러워도 상관없다. 냄새 나도 상관없다. 아들이니 꽉 끌어안고 입을 맞추었다.

이것이 바로 하나님 아버지의 마음이다. 나를 살리시려고 저 높은 하늘에서 이 땅으로 달려오셨다. 하나님을 떠난 우리, 죄가 덕지덕지 붙은 처참한 모습이라 할지라도 하나님은 단번에 날 알아보신다. 똥보다 더한 영혼의 악취를 풍긴다 할지라도 상관없다며 안아주신다. 내 새끼라고 하신다. 그 사랑이 나를 살게 한다.

종에서 다시 아들로

아버지가 아들을 오랫동안 기다린 또 다른 이유가 있었다. 가장 먼저 달려와 안아준 한 가지 이유가 더 있었다. 그것은 바로 아들을 지켜주기 위해서였다. 돌에 맞아 죽을 수밖에 없는 아들을 보호해주기 위해서였다. 아들이 재산을 가지고 떠난 이후로 동네에 흉흉한 소문이 돌았을 것이다. 늘 보이던 아들이 안 보이고 그 아버지는 갑자기 부동산과 재산을 정리했다. 답이 딱 나오는 것이다.

"하다하다 이제는 살아 있는 아버지에게 유산을 받아가네."

동네 사람들이 이를 갈았을 것이다. 율법에 따라 그 동네의 악을 제거할 의무가 있었다. 그 아들을 심판해야만 했다. 이 사실을 누구보다 잘 알고 있던 아버지는 가장 먼저 아들에게 달려가 아들을 끌어안았다. 그 누구도 아들에게 돌을 던지지 못하도록 방패막이가 되어 주었다. 아들은 아버지에게 용서를 구했다.

"아버지, 제가 아버지께 큰 죄를 지었습니다. 제가 더 이상 아들이라 불릴 자격이 없습니다."

아들은 회개했다. 아버지에게 더 이상 아들의 자격이 없음을 시인하며 그저 자신을 종으로 삼아달라고 말하려 했다. 그런데 갑자기 아버지가 아들의 말을 끊었다. 종으로 삼아달라고 말하려는 아들의 입을 막았다. 주인이 종들에게 명령을 내리기 시작했다.

"뭣들 하느냐. 당장 내 집에서 가장 좋은 옷과 신발을 가져와 내 아들에게 입혀주어라. 반지를 가져와 내 아들의 손에 끼워주어라."

아들이 종으로 삼아달라고 이야기하려는데, 아버지가 말을 끊었다. 더 이상 들을 필요도 없다는 듯 가로챘다. 종들이 바빠지기 시작했다. 즉시 집으로 달려갔다. 가장 좋은 옷과 신발을 가져왔다. 주인의 아들에게 입히고 신겨주었다. 반지를 아들의 손에 끼워주었다. 반지는 다시 아들로 인정해준다는 의미였다. 아들은 차마 아버지의 자식이라고 여기지 못했는데, 아버지에게는 여전히 아들이었다. 아버지는 느닷없이 잔치를 벌이자고 했다. 크게 기뻐하며 먹고 즐기자고 말했다.

"이 내 아들은 죽었다가 다시 살아났으며 내가 잃었다가 다시 얻었노라"(누가복음 15:24).

다시 돌아온 아들은 여전히 아버지에게 아들이었다. 아무리 속을 썩여도 아버지의 생명과 같은 아들이었다. 집에 있는 자식이 속 썩인다고 내 자식이 아니라고 말할 수 없다. 아무리 속을 썩여도 내 자식임에는 변함이 없다. 결국 아들은 종이 아니라, 다시 아버지의 아들이 되었다. 아버지에게로 돌아갈 결심, 내딛은 한 발자국이면 충분했다.

아들이 아버지를 찾은 것이 아니었다. 아버지가 아들을 찾았다. 하나님은 우리를 찾으신다. 내가 하나님께 돌아간 것 같지만, 하나님이 내게 먼저 달려오신다. 나를 안아주시고, 자녀 삼아주신다. 주저함을 딛고 한 걸음 내딛을 때, 하나님이 달려와 안아주신다. 내 죄로 인해 하나님과 아무리 거리가 멀어진 것 같아도 상관없다. 하나님이 와락 안아주신다. 내 죄 때문에 악취가 나는 것 같아도 상관없다. 힘껏 나를 안아주신다. 내 얼굴에 입을 맞추신다. 나는 하나님의 자식이라고 불릴 자격이 없는데, 종이 되기도 버거운데 자식이라고 하신다. 내 자식이 돌아왔다며 기쁨을 주체하지 못하신다.

아버지와 함께하는 행복

밖에서 일하다 돌아온 첫째 아들이 화들짝 놀랐다. 느닷없이 집에 잔치가 벌어졌기 때문이다. 그것도 놀라운데, 동생이 돌아왔다는 소식에 더욱 놀랐다. 망나니 동생을 아버지가 다시 받아주다니, 큰 충격을 받았다. 아들은 아버지에게 화를 내며 따지기 시작했다. 평생 아버지 곁에서 수고한 나에게는 염소 새끼 한 마리 잡아준 적 없으면서, 친구들과 잔치 한 번 열어 준 적 없으면서, 어떻게 저만 놈을 위해 송아지를 잡아줄 수 있느냐며 따졌다. 어떻게 동네잔치를 벌일 수 있냐며 분을 쏟아냈다.

우리는 첫째 아들의 심정을 이해할 수 있다. 그런데 그의 말이 전부 옳은 것은 아니었다. 내게 아무것도 해준 것이 없다고 첫째 아들이 따졌지만, 정작 그 역시 아버지의 재산을 미리 물려받았기 때문이다. 동생이 재산을 받을 때, 형도 받았다("아버지가 그 살림을 각각 나눠 주었더니"-누가복음 15:12). 똑같이 받은 것도 아니다. 율법에 따라 첫째 아들은 두 몫을 받았다. 다른 자녀들에 비해 두 배를 더 받는다는 의미이다. 이미 아들은 아버지의 유산을 물려받았다. 아버지는 내내 가만히 듣고만 있었다. 한참 분을 쏟아내던 아들이 잠잠해지자, 마침내 아버지가 입을 열었다.

"아들아, 내가 너와 항상 함께 있지 않니."

아버지의 대답은 명료했다. 아버지가 함께하는 것이 더 좋은 일임을 알려주었다. 사랑하는 아버지와 함께 있는 것이 가장 행복한 일임을 가르쳐주었다. 사랑하는 아버지와 함께 있는 것이 가장 큰 행복임을 깨우쳐주었다. 참된 행복은 염소에도 잔치에도 있지 않았다. 함께하는 아버지가 아들의 가장 큰 행복이었다. 동생과 달리 형은 그 행복을 누리며 살아온 것이다. 비록 자신이 자각하지 못했을지라도 그 행복을 날마다 누리며 살아온 것이다.

우리는 첫째 아들과 비슷한 점이 참 많다. 하나님께 끊임없이 염소를 요구한다. 잔치를 요구한다. 내가 이미 복을 받았는데, 받은 복을 세지 않는다. 그저 새로운 복만을 끊임없이 요구한다. 더 많은 염소와 더 많은 잔치를 요구한다. 더 많은 복과 더 많은 좋은 일들이 생기기를 바란다. 하나님과 끊임없이 줄다리기를 한다. 그러니까 신앙생활이 참 힘들다. 무언가를 요구하고, 얻어내야만 하기 때문이다. 내 삶을 책임지시라고 요구하고, 또 요구한다.

우리의 행복이신 하나님

하나님이 우리의 행복이다. 하나님과 함께하는 것이 가장 큰 행복이다. 나를 지으신 아버지와 함께하는 것만큼 행복한 일이 없다. 그런데 우리는 그 행복을 일상에서 누리지 못하고 살아간다. 첫째 아들과 참 비슷한 점이 많다. 끊임없이 염소를 요구하고, 잔치를 요구한다. 이미 유산을 물려받았다. 이미 큰 복을 받았는데, 받은 복을 세지 않는다. 그저 새로운 복만을 끊임없이 요구한다. 정작 하나님이 큰 복을 주시면, 바로 둘째 아들이 되어 버린다. 그 돈을 가지고 하나님이 없는 곳으로 가서 하나님 없이 살아간다. 내가 원하는 대로 살아간다.

우리가 복을 구하는 이유는, 어쩌면 하나님 없는 삶을 꿈꾸기 때문일지도 모른다. 기도하지 않아도 사는 데 아무 지장이 없는 삶을 꿈꾼다. 그런데 그 결말을 우리가 너무도 잘 알고 있다. 결국은 망한다. 설령 이 땅에서 망하지 않는다 할지라도 저 세상에서 철저히 망한다. 하나님이 없는 지옥에서 하나님

없이 영원히 살아야 한다. 영원한 고통을 당해야만 한다. 그래서 어쩌면 이 땅에서 망하는 것이 더 나을지도 모른다. 하나님이 기회를 주신 것이기 때문이다. 하나님이 함께하시는 것이 가장 큰 복이다. 가장 큰 행복이다.

죽음으로 증명한 사랑

예수님은 수많은 병자들을 고치셨다. 병은 치유됐지만, 그들의 형편은 여전했다. 당장의 시급한 문제는 해결됐지만, 여전히 가난하고 살 길이 막막했다. 그런데 성경은 그들의 애프터(after)를 다루지 않는다. 병 고침 이후에 어떤 삶을 사는지 언급하지 않는다. 하나님이 그들의 삶을 외면하심이 아니었다. 병에서 놓임을 받았으니, 큰 문제가 해결 받았으니, 이후로는 알아서 하라는 것도 아니었다. 예수님이 병을 고치셨다는 것은 그의 인생에 개입하기 시작하셨음을 의미한다. 문제를 해결하신 주님이 여전히 함께하심을 의미한다. 예수님과의 동행이 시작되었다. 예수님이 책임지시는 인생이 되었다. 때문에 그들의 이후 삶을 언급하지 않는 것이다.

예수님은 십자가의 죽음으로 나를 향한 사랑을 증명하셨다.

단순히 나의 병을 고치는 것으로 그치지 않고 문제 해결을 넘어 나를 살리겠다고 목숨을 내어주셨다. 죽음으로 그 사랑을 증명하셨다. 나를 죽을 만큼 사랑하시는 하나님이 나를 떠날 리가 없다. 나를 구원하신 주님은 여전히 내 곁에 함께하신다. 그 하나님은 내 삶의 필요를 다 아신다. 내게 염소가 필요할 때 주시고, 내게 잔치가 필요할 때 주신다.

그리고 우리는 이미 하나님께 유산을 받았다. 첫째 아들이 아버지의 유산을 받았듯이, 우리는 이미 유산을 받았다. 영원한 천국을 유산으로 상속받았다. 내가 당할 죄의 형벌을 주님이 대신 당하심으로, 내가 당할 죽음을 주님이 대신 당하심으로 영원한 천국을 유산으로 상속받았다. 이보다 더 큰 유산이 어디 있는가? 이보다 더 큰 선물이 어디 있는가? 이보다 더 큰 복이 어디 있는가? 이미 다 받았다. 그런데 왜 줄다리기하고 있는가? 이미 다 받았는데, 이미 나에게 모든 걸 다 주셨는데, 이미 나에게 생명을 주셨는데, 나에게 모든 걸 주신 주님께 뭘 또 그렇게 달라고 하는가? 이미 다 주셨다. 그리고 더 주신다. 우리에게 필요한 걸 이미 다 아시기에 우리의 삶을 돌보시고 책임지신다.

종들이 기뻐한 이유

아버지가 즐거워할 때, 곁에 있던 자들이 즐거워했다. 바로 주인의 곁에 있던 종들이다. 주인의 심부름을 한 종들이다. 그런 종들이 지금 즐거워했다는 것이다. 기뻐한 것이다. 종들은 잔치가 열린다고 했을 때 즐거워하지 않았다. 주인을 따르다 콩고물이 떨어진 걸로 기뻐하지 않았다. 주인이 돌아온 아들을 품에 안고 기뻐할 때, 함께 기뻐했다. 아들이 돌아온 기쁨을 이기지 못하여 잔치를 벌이자고 할 때, 함께 기뻐했다. 종의 기쁨은 자신의 일을 완수함에도, 좋은 일이 생김에도 있지 않았다. 종의 기쁨은 주인의 기쁨에 종속되어 있었다. 주인의 즐거움을 곧 자신의 즐거움으로 삼았다.

주인이 "이 내 아들은 죽었다가 다시 살아났으며 내가 잃었다가 다시 얻었노라"(눅 15:24)라고 말할 때, 종들은 기뻐했다. 주인이 기뻐하는 모습이 좋아서, 덩달아 함께 기뻐했다. 오랜 세월 아들이 돌아오기를 바라며 애타게 기다리는 주인의 마음을 알았기 때문이다. 아들이 떠난 날부터, 혹여나 돌아올까 하여 하루도 빠지지 않고 아들이 떠나간 길을 우두커니 서서 바라보는 주인의 모습을 보았기 때문이다. 주인의 마음을 누구보다 잘 알기에, 함께 기뻐할 수 있었다.

주인이야 아버지이니까 기뻐할 수 있다. 그런데 종들 입장에서는 그 아들이 절대 반가울 리가 없었다. 망나니가 돌아오는 것은 결코 기뻐할 수 없었다. 내가 사랑하는 주인의 속을 그렇게 썩이고, 자신들을 그렇게 하대하고 무시했던 그 아들이 돌아오는데, 속상하면 속상했지 절대 기뻐할 수 없었다. 그런데 종들이 기뻐했다. 주인이 기뻐했기 때문이다. 주인의 환해진 얼굴을 보니, 자기도 좋아서 어쩔 줄 몰랐다. 종의 기쁨은 주인의 기쁨에 종속되었다. 주인의 기쁨을 곧 나의 기쁨으로 삼고 살았다. 그래서 종은 행복했다. 그 행복을 누구도 빼앗아가지 못했다. 주인의 기쁨을 빼앗을 자가 아무도 없었기 때문이다. 내가 사랑하는 주인과 함께하니 날마다 행복했다. 결국 주인과 함께 기뻐한 이들은 종들이었다. 두 아들이 아니었다. 주인과 함께하는 행복을 누리는 이들은 종들이었다. 가장 행복한 사람은 바로 종들이었다. 하나님과 함께 동행하고, 하나님과 함께 기뻐했다.

기뻐하는 종들의 귀에는 구멍이 뚫려 있었을 것이다. 본래 이스라엘에서 종들은 7년째가 되면 해방이 되었다. 그런데 종이 주인을 너무 사랑하여 주인과 함께 있고 싶은 경우가 있었다. 그럴 때 좋은 주인을 떠나지 않겠다는 맹세로 귀에 구멍을 뚫어 주인과 평생을 함께할 것을 약속했다. 주인을 사랑한 흔적을 몸에 새겼다. 십자가에서 죽으신 예수님은 삼일 만에 부활하셨다. 부활하신 예수님의 몸에는 십자가에서 당한 상흔이 남았다. 손에 못 자국과 옆구리에 창 자국이 그대로 남았다. 상처 없는 몸으로, 깨끗한 몸으로 부활하셔도 됐을 텐데, 주님은 굳이 상흔을 남기셨다. 우리를 사랑한 흔적을 남기셨다. 죽음을 불사한 사랑을 그 몸에 새기셨다.

우리도 주님을 사랑한 흔적을 남겨야겠다. 예수님을 믿어 복 받고 상처 없는 삶이 아니라, 예수님이 나를 위해 생명을 내어주셨으니 나도 기꺼이 모든 것을 내어드리는 삶을 살아야겠다. 주님을 따르는 길에 비록 상처가 따른다 할지라도 끝까지 걸어야겠다. 주님을 따르다 받는 상처는 흉이 아니다. 훈장이다. 주님을 사랑한 흔적을 훈장 삼아 살아가자. 그렇게 주님과 동행할 때 참으로 행복하다. 기뻐하시는 주님과 함께 기뻐한다. 주님이 재림하시는 그날, 주님을 사랑한 흔적 갖고 사랑하는 예수님을 맞이하자.

함께 묵상

둘째 아들은 돈을 보고 살았다. 안목의 정욕과 이생의 자랑을 위해 살았다. 첫째 아들은 하나님께 끊임없이 무언가를 요구하며 살았다. 두 사람은 아들인데 아버지와 함께하는 행복을 누리지 못했다. 기뻐하는 아버지와 함께 기뻐하지 못했다. 하지만 종들은 그 아버지와 함께 기뻐했다. 기뻐하는 주인의 모습을 보고 함께 기뻐했다. 내가 사랑하는 주인이 기뻐하는 모습이 좋아서 덩달아 기뻐했다.

Q1. 탕자는 아버지에게 자신을 종으로 삼아달라고 부탁하려 했습니다. 내가 아버지의 아들이 될 자격이 없다 여겼습니다. 진정한 회개란 무엇일까요?

Q2. 먼 거리였음에도 불구하고 아버지는 아들을 단번에 알아봤습니다. 전력으로 달려와 안아주었습니다. 내게 달려오신 하나님을 만난 이야기를 나눠주세요.

Q3. 진정한 행복은 좋은 이벤트나 일의 성취가 아닌, 아버지와의 동행이었습니다. 나는 어디서 진정한 행복을 구하며 살아왔나요?

Q4. 주인이 기뻐하는 모습을 보고 종들이 기뻐했습니다. 기뻐하시는 하나님을 보고 함께 기뻐한 경험을 나눠주세요.

Q5. 하나님의 기쁨에 동참하는 삶을 위해 지금 당장 시작할 수 있는 일은 무엇일까요?

Blue Note 2
하늘문을 여시고 쏟아주신 기쁨

"목사님, 방송 나가면 후원금 많이 들어올 거예요."

내 사연을 안타깝게 여긴 작가님의 말이었다. 매일 발달장애가 있는 딸을 데리고 병원에서 재활과 치료를 받는 사정을 알기에 격려하려 한 말이었다. 후원금이 얼마 정도 들어올 거라고 했다. 금액이 어마어마했다. 그 돈이면 더 이상 딸의 병원비를 걱정하지 않아도 되었다. "새롭게 하소서" 방송이 나간 후, 반응이 어마어마했다. 장애인의 자립을 돕겠다며 교회와 성도님들이 팔을 걷고 나섰다. 물품을 기증하고, 구매하기 위해 '굿윌스토어'에 몰려갔다. 장애인 자립운동이 순식간에 한국 교회에 퍼졌다.

방송 후 작가님에게 연락이 왔다. 후원금 계좌를 알려달라고 했다. 잠시 고민하다 하나님이 주시는 감동에 순종하기로 했다. 내 개인계좌가 아닌 굿윌스토어 계좌를 알려드렸다. 후원금이 장애인 자립에 쓰이길 바랐다. 그런데 주변 지인들이 난리였다. 내가 어떻게 사는지 알기에 걱정하며 나무랐다. "굿윌스토어에 물품만 가도 충분한데, 왜 바보 같이 후원금을 안 받느냐"며 타박했다. 나와 아내는 괜찮았다. 하나님이 기뻐하시는 줄 알았기 때문이다.

방송이 나간 뒤에 "다니엘 기도회"에서 강사 섭외 요청이 왔다. 기도회에 나가겠다고 답했다. 전화를 끊고 가장 먼저 떠오른 생각은 '내 간증을 해야지'였다. 당시 굿윌스토어에서 사명이 끝났다는 응답을 받았다. 지인들도 향후 사역을 생각해서 개인 간증을 하라고 했다. 장애인 자립 이야기는 이전에 "새롭게 하소서"에 나가서 한 것으로 충분하다고 했다. 그리고 개인계좌를 오픈하라고 했다. 가정과 사역을 생각해서 이번에는 꼭 후원금을 받으라고 했다. 그런데 하나님이 주시는 감동은 정반대였다. 장애인의 자립을 전하기로 했다. 그 메시지를 전할 때, 새롭게 고용되어 해맑게 웃으며 일할 장애인들의 모습이 눈에 선했기 때문이다. 후원금 계좌를 오픈하지도 않았다. 장애인 자립기관에 흘러가도록 내버려두었다.

"다니엘 기도회"에서 장애인의 자립을 전했다. 한국 교회가 연합하여 장애인의 자립을 돕고, 장애인과 비장애인이 함께 사는 세상을 만들어가자고 했다. 낮은 데서 작은 자와 함께 하시는 예수님과 동행하자고 선포했다. 하나님이 큰 은혜를 주셨다. 회개의 역사를 일으키셨다. 성도님들이 가슴을 치며 통회하고 자복했다. 성도님들의 낮은 데를 향한 행진이 시작되었다. 나를 기다리고 계신 예수님을 만나러 낮은 데로 나아갔다.

기도회를 마치고, 운전하여 귀가하던 길이었다. 하나님이 큰 은혜를 주셨다. 하늘문을 열고 하나님의 기쁨을 쏟아부어주셨다. 강단에서 내가 하고 싶은 말이 아니라 하나님이 원하시는 말씀을 전했더니, 하나님이 기뻐하셨다. 나를 보고 얼마나 기뻐하시는지, 나를 얼마나 흐뭇하게 바라보시는지, 그 은혜가 너무 커서 압사될 것 같았다. 내 평생 그렇게 강력한 하나님의 기쁨은 처음이었다. 기뻐하시는 하나님을 바라보고 함께 기뻐할 때, 내 인생 가장 큰 행복을 경험했다. 신자에게 가장 큰 기쁨은 하나님의 기쁨에 동참하는 것이다. 내가 사랑하는 하나님이 기뻐하시는 모습을 볼 때의 기쁨을 넘어설 기쁨은 이 세상에 없다.

03 부자가 지옥, 거지가 천국에 간 이유

천국과 지옥에 간 이유

한 부자가 있었다. 얼마나 돈이 많은지, 날마다 잔치를 열었다. 사람들을 불러 매일 잔치를 벌였다. 먹고 마시며 흥청망청 돈을 썼다. 부자의 집 대문 앞에는 한 거지가 있었다. 그의 이름은 나사로였다. 그는 부자의 집 대문에 버려졌다. 누가 그를 그곳에 버렸는지 알 수 없다. 다만 한 가지 확실한 건 거지는 그곳을 떠나지 않았다. 부자의 집 대문 앞을 평생 지켰다. 부자가 잘 챙겨줘서 그런 것이 아니었다. 부자는 거지를 불쌍히 여기지도 도와주지도 않았다. 거지는 부자의 식탁에서 떨어지는 음식 부스러기라도 얻어먹으려 했지만 돌봄은커녕 부스러기도 얻어먹지 못했다. 피부가 다 헐어 개들이 그 헌데를 핥았다.

세월이 흘렀다. 거지도 부자도 죽었다. 부자는 성대하게 장례식을 치렀다. 그런데 부자는 지옥에 갔다. 반면, 거지는 장사도 지내지 못했다. 누구 하나 그를 위해 장례를 치르지 않았다. 연고가 없거나 가난한 사람들의 화장터인 힌놈의 골짜기에서 화장되었다. 그런데 거지는 천국에 갔다. 사람들이 명복을 빈 부자는 지옥에 갔고, 죽어서까지 사람들에게 철저히 외면당한 거지는 천국에 갔다.

부자가 지옥에 간 이유는 거지를 돌보지 않아서가 아니었다. 거지에게 먹을 걸 주지 않아서 지옥에 간 게 아니었다. 착한 일보다는 악한 일을 더 많이 해서도 아니었다. 부자가 지옥에 간 이유는 예수님을 믿지 않았기 때문이다. 아무리 착한 일을 많이 해도 사람은 자력으로 구원을 받을 수 없다. 스스로 죄의 문제를 해결할 수 없기 때문이다. 천국에 가려고, 구원을 받으려고 착한 일을 열심히 하지만 스스로 잘 안다. 내 마음이 얼마나 더럽고 부패했는지를 잘 알고 있다. 그래서 아무리 착한 일을 열심히 하고 기도를 해도 나의 구원을 확신하지 못한다. 죽어서 천국에 가리라는 믿음이 없다.

예수님만이 길이요 진리요 생명이다. 예수님이 아니고서는 하나님께로 통할 길이 없다. 나의 죄를 위해 십자가에서 죽으신 예수님을 믿어야 구원을 받는다. 나의 죄 문제를 해결해 주시려 이 땅에 오신 하나님의 아들을 믿어야 한다. 내가 당할 죄의 형벌을 예수님이 십자가에서 대신 당하셨음을 믿어야 한다. 내가 죽어야 하는데, 예수님이 대신 죽으심으로 나를 살리셨음을 믿어야 한다. 예수님이 나의 죄를 대신하여 십자가에서 죽으심을 믿기만 하면 된다. 믿으면 구원을 받는다. 부자는 예수님을 믿지 않아서 지옥을 갔다. 그 마음에 예수님이 없기에 긍휼도 자비도 사랑도 아무것도 없었다. 일평생 자기 집 대문에 있는 거지를 돌보지 않았다.

거지가 천국에 간 이유는 불쌍해서가 아니었다. 평생 이 땅에서 죽어라 고생만 했으니 천국에 간 것도 아니었다. 가난하고 병들고 힘든 삶의 보상으로 구원을 받은 게 아니었다. 가난하니까 착하니까 구원받은 게 아니었다. 가난하다고 다 착하지 않다. 마찬가지로 부자라고 다 나쁘지도 않다. 거지가 천국에 간 이유는 예수님을 믿었기 때문이다. 비록 사람들이 무시하고 사람대접도 못 받는 신세였지만, 거지는 예수님을 믿었다. 나를 죄에서 구원하시는 예수님을 믿었다. 거지에게는 예수님 외에 믿을 분이 없었다. 예수님 외에는 붙들고 의지할 데가 없었다. 유일하게 내 말을 들어주시고, 사랑해주시는 예수님밖에 의지할 이가 없었다. 예수님을 더 간절히 찾고, 부르짖고, 믿은 것이다. 나사로는 일평생 예수님을 의지했다. 예수님을 믿었기에 그는 죽어서 천국에 갔다.

부자의 착각

지옥에서 부자는 뜨거운 불꽃 가운데 있었다. 분명히 불타고 있는데, 몸이 사라지지 않았다. 살이 타야 하는데, 타서 재가 되어야 하는데, 살은 그대로였다. 불타지도 않고, 사라지지도 않을 몸으로 영원히 지옥에서 고통당했다. 불 가운데서 괴로워하던 부자가 눈을 들어 위를 보았다. 그곳엔 아브라함이 있었는데 아브라함의 품에 안긴 사람을 보고는 깜짝 놀랐다. 바로 자기 집 앞에서 구걸하던 거지였다. 부자는 아브라함에게 큰 소리로 부탁했다.

> "아버지 아브라함이여, 나를 긍휼히 여기사 나사로를 보내어 그 손가락 끝에 물을 찍어 내 혀를 서늘하게 하소서. 내가 이 불꽃 가운데서 괴로워하나이다"(누가복음 16:24).

부자는 아브라함을 아버지라고 불렀다. 아브라함은 이스라엘 사람들에게 믿음의 조상으로 여겨진다. 누구보다 하나님을 잘 믿은 사람이었다. 그런 아브라함을 부자가 아버지라고 불렀다. 부자는 아브라함을 알고 있었다. 그리고 아브라함이 믿은 하나님도 알고 있었다. 부자는 하나님을 알았다. 이스라엘 사람이기에 당연한 일이었다. 태어나면서부터 하나님에 대하여 듣고, 하나님을 알고 살았다. 부자는 이스라엘 땅에서 큰 축복을 받았고 큰 부자로 살았다. 당연히 자신은 구원받을 것이라고 생각했을 것이다.

> '내가 하나님을 알고 이렇게 큰 축복을 받았는데, 천국에 가는 것이 당연하지 않은가.'

부자는 천국을 확신했다. 그런데 정작 죽어서 지옥에 갔다. 내가 아는 것, 내가 가진 것으로 구원을 얻지 못했다. 내가 하나님을 알고 누가 봐도 축복을 받은 삶이라고 해도, 그 마음에 예수님이 없어 구원받지 못했다. 부자는 모든 것을 다 가졌지만, 예수님을 가지지 못했다. 그 마음에 예수님이 없어 결국 지옥에 갔다. 그래서 그는 하나님을 아버지라고 부르지 못했다. 그저 지옥에서 아브라함을 아버지라고 부르는 것이 전부였다.

지옥에서도 변하지 않는 부자

부자는 아브라함에게 나사로를 시켜서 물 좀 달라고 부탁했다. 부자는 거지의 이름을 불렀다. 거지의 이름이 나사로임을 알고 있었다. 자기 집 대문에서 평생 구걸하던 거지가 누군지 정확히 알고 있었다. 이름까지도 알 정도였다. 부자는 나사로를 알면서도 돌보지 않았다. 저 땅에서 나사로를 하찮게 보았듯이, 지옥에 와서까지 나사로를 하찮게 여겼다. 여전히 거지로 여겼다. 자기는 지옥에 있고 나사로는 천국에 있는데, 여전히 자기가 더 위라고 생각했다. 그래서 천국에 있는 나사로를 시키는 것이다. 나사로를 보내서 자기한테 물 좀 달라고 한 것이다. 뜨거운 불로 고통당하는 곳에 나사로를 보내라고 한 것이다. 사람은 참 변하지 않는다는 속설이 있는데, 부자는 지옥에 가서까지 변하지 않은 것이다.

아브라함은 부자의 부탁을 거절했다. 부자가 있는 지옥과 나사로가 있는 천국에는 큰 구렁텅이가 있어서 오갈 수 없다고 했다. 넘어가고 싶어도 갈 수가 없으니 물을 주지 못하겠다고 했다. 한 번 죽으면 끝이라는 것이다. 천국을 가거나 지옥을 가거나 둘 중에 하나이다. 천국과 지옥 사이에는 어떠한 공간도 없다. 구렁텅이이다. 사람이 발을 딛고 설 수 있는 곳이 없다. 죽으면 천국과 지옥이 전부이다. 지옥에 간 사람은 절대 천국에 올라갈 수 없다. 천국에 간 사람이 지옥에 갈 수 없는 것과 마찬가지이다.

부자는 다시 아브라함에게 부탁했다. 이번에도 나사로를 걸고 넘어졌다.

> "아버지여 구하노니, 나사로를 내 아버지의 집에 보내주십시오. 저에게 형제가 다섯 명이 있는데, 나사로가 가서 지옥의 실상을 전하게 해주십시오. 형제들이 이 고통받는 곳에 오지 않게 하소서."

부자는 나사로가 지옥에 건너올 수 없다면, 저 땅으로 보내달라고 부탁했다. 저 땅에 있는 자신의 형제들에게 나사로를 보내달라고 부탁했다. 죽은 나사로가 다시 살아서 형제들에게 나타나면, 그들이 변화될 것이라 믿었다. 지옥이 있음을 알고 하나님을 제대로 믿을 거라고 했다. 그러니 어서 나사로를 보내달라고 했다.

부자의 말을 통해 한 가지 더 알 수 있는 것이 있다. 부자의 형제들도 나사로를 알고 있다는 것이다. 부자의 집을 오가며 오랫동안 나사로를 보았다. 뻔히 알면서 그 누구도 나사로를 돕지 않았다. 나사로가 죽은 것 또한 알고 있었다. 그러니 형제들에게 보내달라고 부탁한 것이다. 죽었던 나사로가 살아서 다시 나타난다면, 형제들이 깜짝 놀랄 줄 알았다. 지옥이 있다는 나사로의 이야기에 귀 기울일 것도 알았다. 무엇보다 부자는 잘 알고 있었다. 자신과 똑같은 형제들이 지옥에 갈 줄 뻔히 알았다. 심술궂고 악한 형제들에게 나사로를 보내는 기적으로 도와 달라고 부탁한 것이었다.

구원의 유일한 기준

이번에도 아브라함은 거절했다. 죽은 자 가운데서 살아난 사람이 가도 형제들이 변화되지 않을 거라고 했다. 설령 나사로가 부활하여 그들에게 "천국이 있다, 지옥이 있다" 말을 한들 구원받지 못한다. 아브라함은 부자의 형제들에게 모세와 선지자들이 있으니, 그들을 통해 믿으면 된다고 했다. 선지자들이 전한 메시지를 통해서 구원을 받을 수 있다는 의미였다. 아브라함이 말한 모세와 선지자들이 전하는 내용은 바로 예수님이다. 복음이다.

예수님은 모세의 율법과 선지자의 글과 시편이 가리킨 내용이 바로 예수님 자신이었다고 말씀하셨다. 예수님은 "모세를 믿었더라면 또 나를 믿었으리니 이는 그가 내게 대하여 기록하였음이라"(요 5:46)라고 말씀하셨다. 예수님의 제자 빌립은 "모세가 율법에 기록하였고 여러 선지자가 기록한 그분이 바로 예수님"이라고 증언했다(요 1:45). 아브라함은 오직 예수님을 통해서 구원받음을 알려준 것이다. 이 땅에 선지자들이 여전히 예수님을 전하고 있으니, 오직 그 예수님을 믿는 믿음만으로 구원받음을 알려준 것이다.

땅에서 무명하나, 하늘에서 유명한 자

우리는 부자의 이름을 알 수 없다. 성경에 부자의 이름이 나오지 않는다. 그는 굉장히 큰 부자였다. 사람들에게 알려진 유명한 사람이었을 텐데, 이름을 알 수 없다. 굳이 언급이 되지 않은 것은 하나님 보시기에 이름 없는 자와 같았기 때문이다. 하나님과는 전혀 상관없는 사람이었다. 하나님에게는 돈이 많고 적음이 전혀 중요하지 않다. 세상에서는 돈이 많은 사람들이 유명하다. 모두가 그 사람의 이름을 기억하고 따른다. 그러나 하나님에게 돈은 아무것도 아니다. 누구도 하나님 앞에서 돈이 많다고 자랑할 수 없다. 세상에서는 부자라고 대접을 받았지만, 하나님은 그런 걸로 대접해주지 않으신다.

설령, 부자가 천국에 간다고 해도 문제였다. 천국에서는 사람들이 자신을 떠받들어주지 않기 때문이다. 이 땅에서처럼 사람들이 대접해주지 않는다. 칭송하고 우러러보지도 않는다. 천국에서 찬양받고, 우러러볼 유일한 분은 하나님이시다. 영원히 하나님의 이름을 찬양하며 영광을 돌릴 천국이기에, 부자와 같은 사람들은 와도 행복하지 않았을 것이다. 자신이 왕이 되어야 하고 대접을 받아야 하는데, 하나님 노릇해야 하는데 천국에서는 그럴 수 없다.

하나님은 예수님을 믿는 자를 대접해주신다. 그의 이름을 기억하신다. 믿는 자를 자녀로 삼아주시고, 이름을 불러주신다. 그래서 성경은 나사로의 이름을 언급한다. 그가 비록 거지라 할지라도, 가족들에게 버림받은 인생이라 할지라도, 하나님은 그의 이름을 기억하신다. 그 이름을 불러주신다. 세상에서 무명한 자가 천국에서 유명한 자가 될 수 있다.

평생 부자의 대문 앞을 지킨 이유

부자는 나사로를 돌보지 않았다. 날마다 잔치에서 남아도는 음식을 주지도 않았다. 그런 부자가 집 앞 대문에 있는 나사로를 얼마나 무시했을까? 지옥에 가서도 저렇게 하찮게 여기는데, 이 땅에서 얼마나 깔봤을까? 그럼에도 나사로는 그 자리를 떠나지 않았다. 일평생 부자의 대문 앞을 지켰다.

아브라함은 나사로가 이 땅에서 고난을 받았기에 천국에서 위로를 받는다고 했다. 나사로는 가장 큰 고난을 받았다. 사람들에게 버림당하고, 거지로 사는 것보다 비참한 일은 없었기 때문이다. 다만, 무엇을 위한 고난인지 이유는 알 수 없다. 한 가지 확실한 것은 답을 아시는 하나님이 그와 함께하셨다는 것이다. 답이 없는 인생이었지만, 하나님이 답이 되어 주셨다. 그래서 그는 버텨냈는지도 모른다. 그 대문 앞을 끝까지 지켰는지도 모른다.

부자가 음식을 주지도 않았는데, 나사로는 어떻게 먹고살았을까? 부자의 형제들도 거들떠보지 않았는데, 굶어죽지 않을 수 있었을까? 어떻게 그 모진 세월들을 버텨냈을까? 하나님 때문이었다. 하나님께서 친히 나사로를 먹이시고, 붙드셨다. 그래서 그는 굶어죽지 않았다. 배고픈 날들도 있었지만, 채우시는 하나님을 만나는 날들이 있었다. 하나님의 돌봄을 받았다. 보이지도 잡히지도 않을 인생을 붙드시는 하나님 덕분에 끝까지 삶을 살아냈다. 하나님이 허락하신 인생의 날수를 채워냈다.

나사로는 부자의 대문 앞을 떠나지 않았다. 그곳을 평생 지켰다. 구걸하기에 훨씬 좋은 데들이 많았다. 사람들이 많은 곳으로 옮기는 것이 현명한 일이었다. 사람들이 모이는 광장이나 예배하러 가는 사람들이 지나는 성전 앞이 훨씬 좋았다. 그곳에 있으면 더 많은 돈을 얻을 수 있었다. 적어도 날마다 무시하고 천대하는 부자를 피할 수 있었다. 그럼에도 나사로는 다른 데로 가지 않았다. 왠지 그곳에 있어야 할 것 같았다. 부자의 대문을 사명의 자리로 여겼는지도 모른다. 끝까지 그 자리를 지켰다.

내 처지가 비루해서 어쩔 수 없이 지킨다고 여기는 삶의 자리가 있다. 당장이라도 떠날 수 있으면 떠나고 싶은 곳이 있다. 그런데 정작 그 자리가 하나님께서 내게 맡기신 자리일 수도 있다. 사명의 자리일 수 있다. 그러니 비참히 여기지 말아야 한다. 내가 어디에 있든 하나님이 날 사랑하시고, 함께하시며 맡기신 자리인 줄 믿는다. 사명의 자리를 지켜야 한다. 힘들 때마다 나사로를 기억하자. 나를 무시하고, 괴롭히는 부자와 같은 사람이 있을지라도, 끝까지 사명의 자리를 지킨 나사로를 떠올리자. 나사로처럼 주님과 함께 끝까지 그 자리를 지키자. 잘하지 않아도 된다. 실패해도 상관없다. 그저 주께서 내게 맡겨주신 자리를 지키는 것이 최선이요, 최고의 삶이다.

지옥에 있는 부자를 바라보는 나사로의 마음

아브라함의 품에 안긴 나사로는 지옥에 있는 부자를 바라보았다. 지옥불의 고통 중에도 자신을 멋대로 부리려는 부자를 그저 바라만 보았다. 나사로는 부자에게 아무 말도 하지 않았다. 평생을 상처 준 사람에게 한 소리 할 법 한데, 한 마디도 하지 않았다. 지옥에 있는 부자를 바라보는 나사로는 통쾌해하지 않았다. 그렇게 자신을 괴롭히고 무시하던 부자가 지옥에 있는데, 꼴좋다고 여기지 않았다. 오히려 불쌍하게 보았다. 저 땅에서 내게 잠시 고통을 준 부자가 이제는 지옥에서 영원히 고통을 당해야 하니 측은하기까지 했다. 통쾌하지도, 시원하지도, 행복하지도 않았다. 그냥 불쌍했다. 그래서 나사로는 아무 말도 하지 않았다.

나사로처럼 비참하다 여기는 자리를 지키고 있다면, 상처 주는 사람이 있어도 인내하고 있다면, 하나님은 그 사람을 참 귀하게 여겨주신다. 그의 이름을 기억하고, 불러주신다. 거지 같다고 여기는 삶의 자리라 할지라도, 내 속을 뒤집는 사람이 있다 할지라도, 그것이 사명의 자리라면 지켜야 한다. 평생을 부자의 집 앞을 지킨 나사로는 자기 능력으로 사명을 감당하지 않았다. 곁에서 함께하시는 하나님 덕분이었다. 그저 그 자리를 지키는 것이 전부였다. 잘하지 않아도 된다. 그저 맡기신 자리를 지키는 것으로 충분하다. 버티는 것만으로도 대단하다. 답을 모르는 인생이지만, 답을 아시는 하나님이 함께하시니, 오늘도 부르신 자리를 지킨다.

함께 묵상

우리는 부자와 거지 나사로가 천국과 지옥에 간 이유를 막연히 생각했다. 부자가 못된 사람이어서 지옥에 간 것도, 나사로가 불쌍해서 천국에 간 것도 아니었다. 구원은 예수님을 믿음으로 주어진다. 부자는 그 마음에 예수님이 없기에 나사로를 돌보지 않았다. 오히려 무시하고 하대했다. 그럼에도 나사로는 대문을 떠나지 않았다. 더 좋은 자리가 있었다. 떠나면 적어도 부자로부터 괄시를 당하지 않았다. 그럼에도 떠나지 않았다. 하나님이 맡겨주신 자리를 끝까지 지켰다.

Q1. 내가 구원받은 이유는 무엇인가요?

Q2. 예수님을 믿기 전과 후의 내 삶에 어떤 차이가 있나요?

Q3. 사명의 자리에서 내게 상처 주고 힘들게 하는 사람이 있나요?

Q4. 지옥에서 부자를 바라보던 나사로와 같은 입장이 된다면, 내 마음은 어떨까요?

Q5. 비천한 자리일지라도, 사명의 자리일 수 있습니다. 내가 있는 곳이 사명의 자리일까요? 사명의 자리를 끝까지 지키기 위해 어떤 노력을 할 수 있을까요?

Blue Note 3
광야로 나가라 하신 이유

"다니엘 기도회"를 앞두고, 기도 중 마음에 주시는 감동이 있었다. 굿윌스토어에서 사명이 끝났으니 광야로 나가란 응답이었다. 말단 사원으로 시작해서 사목이 되고, 큰 성과를 냈다. 이제는 고생 끝, 행복 시작이었다. 그런데 하나님은 광야로 나가라고 하셨다. "다니엘 기도회"를 일주일 앞두고 굿윌스토어를 사임했다. "다니엘 기도회"에서 한국 교회가 장애인 자립사역에 동참해달라고 외쳤다. 비록 나는 사임했지만, 굿윌스토어의 사역에 동참해달라고 외쳤다. 한국 교회가 불일듯이 일어났다. 수많은 교회와 성도들이 앞다투어 굿윌스토어로 몰려갔다. 많은 장애인들이 자립할 길이 열렸다. 그곳에서 내 사명이 끝났다고 하신 이유를 알았다. 그 모습을 흐뭇하게 지켜보고 광야로 나왔다.

광야로 나오자, 큰 복지재단들에서 좋은 제안이 들어왔다. 꼭 가고 싶었던 곳이고 존경하는 분들이 있는 곳이었다. 평소에 흠모하던 그곳으로 가고 싶었다. 그래서 하나님이 광야로 나가라고 하셨나 싶었다. 더 좋은 기회들을 예비해주신 줄 알았다. 그런데 기도 중에 하나님이 주시는 감동은 광야였다. 그저 광야에 있으라 하셨다. 당장 고정급여가 끊기니 살 길이 막막했다. 남들은 내가 방송과 대형집회에 섰으니 걱정 없겠다 여겼지만, 우리 가족은 참 힘든 나날을 지냈다. 그렇게 광야에서 홀로 걸었다.

아이의 초등학교 입학을 앞두었다. 지역에 있는 특수학교는 입학 정원이 턱없이 부족했다. 일반 학교의 특수반은 장애아들이 하루에 1~2시간밖에 있지 못한다. 대부분의 시간은 원반으로 흩어져서 비장애아동과 함께 한다. 당연히 장애아동은 진도를 따라가지 못한다. 우리 아이는 미진단 희귀질환자이다. 염색체 결실 때문인지, 원인 모를 고열과 증상으로 입원이 잦았다. 대집단에 노출되면 바로 감염이 되어 입원했다. 그래서 입학할 초등학교에 복합특수학급을 요청했다. 복합특수학급은 한 반에 4명의 장애아와 2명의 교사가 함께 있다. 소집단인데다 전일제이기에 우리 아이에게 꼭 필요했다. 그런데 학교는 복합특수학급 설립을 거부했다. 그 과정에서 우리 가족은 말로 다 할 수 없는 상처를 받았다. 피눈물을 흘리는 나날들이었다.

보통 학교가 거부하면 발달장애아 부모는 아무것도 할 수 없다. 그저 당하기만 할 따름이었다. 그럼에도 아내는 포기하지 않았다. 홀로 외로운 싸움을 이어갔다. 시도교육청을 비롯하여 민원을 넣을 수 있는 곳에 다 넣었다. 모두 문제의식은 있었지만 도울 수 없다고 했다. 특수반과는 달리 복합특수학급 설립은 학교장의 재량이기 때문에 교육청이 강제할 수 없다고 했다. 결국 아이를 위한 복합특수학급은 설립되지 않았다.

특수반에 들어간 아이는 적응하지 못했다. 학교에서 10분도 있지 못했다. 유치원에 갈 때 신나서 뛰어 들어가던 모습이 눈에 선한데, 학교 가기 싫다고 울며불며 떼를 썼다. 아이를 위해 아무것도 해주지 못했다. 자괴감에 참으로 고통스러웠다. 장애인 자립운동이 한국 교회에 확산되어있는데, 많은 발달장애인들이 자립할 길이 열렸는데, 정작 내 아이를 위해서는 아무것도 못했다.

'새롭게 하소서 나가고 후원금 받을 걸. 다니엘 기도회 때

아이 학교에 대한 이야기 한 마디만 할 걸. 스카웃 제안이 왔을 때 받아들일 걸. 그러면 아이가 좋은 학교에 들어갔을 텐데. 고생하지 않았을 텐데.'

끝없는 자괴감이 밀려와 맨정신으로 버티기 버거웠다. 한동안 허우적거렸다. 때마침 안타까워하는 주변 지인들의 소리가 들렸다.

"다른 발달장애인 가족 자식들은 잘 됐는데, 서 목사 자식만 고생하네."

대꾸할 수 없었다. 틀린 말이 아니었기 때문이다. 내 자식을 위해서 아무것도 준비하지 못했다. 무능력한 아버지였다. 결국 우리가 졌다. 학교가 이겼다. 무너진 마음 그대로 하나님께 나아갔다. 아내와 집중해서 며칠 동안 기도했다. 하나님이 마음에 주시는 감동이 있었다.

'내가 이겼다.'

하나님이 내가 이겼다고 하셨다. 하나님이 승리했다고 하셨다. 분명히 졌는데, 다 끝난 게임인데, 하나님이 이기셨다고 하니 의아했다. 그때부터였다. 하나님이 일하기 시작하셨다. 아내는 마지막이란 심정으로 경기도의회에 민원을 넣었다. 한 도의원이 민원을 보고 우리에게 연락했다. 그 의원은 교육기획위원회의 위원장이었다. 우리 아이가 다니는 초등학교에 찾아와서 교장을 독대하여 우리의 목소리를 대변해주었다. 우리 편이 하나도 없었는데, 먼저 우리 편이 되어 주었다. 그 의원은 우리에게 조금만 기다리라고 했다. 동료들과 함께 조례 개정을 준비하고 있으니 조금만 더 기다려달라고 했다. 그리고 몇 달 뒤, 마침내 개정된 조례안이 통과되었다.

> "학교의 장은 특수교육대상자가 배치될 경우 특수학급 설치에 적극적으로 협조하여야 하며, 정당한 사유 없이 특수학급 및 복합특수학급 설치를 거부하여서는 안 된다."
> 〈신설 2025.05.02.〉 —경기도교육청 특수교육 진흥 조례 제3조 3항

기존 조례에서는 복합특수학급 개설이 요구자가 있어도 특수학급처럼 의무가 아니었다. 그래서 학교장의 의지에 따라 개설이 좌지우지되는 경우가 다반사였다. 그로 인해 우리는 물론 장애아 부모들이 참 힘들었다. 사람으로서 교육의 기본권

을 요구하는 데 많은 차별과 냉대를 견뎌야만 했다. 그런데 조례 개정을 통해 복합특수학급 대중화의 길이 열렸다. 우리 아이 한 사람만을 위한 것이 아니라, 경기도 전체 초, 중, 고등학교에 복합특수학급이 신설될 길이 열렸다.

우리를 비롯한 발달장애아 부모의 눈물을 보신 하나님께서 법을 바꾸시는 놀라운 일을 행하셨다. 우리 아이만이 아니라, 우리 아이와 같은 아이들이 자라서 더 좋은 세상을 맞이하리란 꿈을 주신 하나님이 친히 역사하셨다. 이 나라의 제도를 바꿔달라고 오랫동안 기도했는데, 전혀 예상하지 못한 방법으로 하나님이 응답하셨다. 아내와 함께 기쁨의 눈물을 흘렸다. 다른 장애아 부모님들에게도 소식을 전했다. 함께 기뻐하고, 기뻐했다.

5년 전에 아이가 장애 진단을 받았을 적, 아이의 교육을 위해 미국 이민 제안을 받았다. 우리에게 좋은 기회였다. 그런데 하나님이 주시는 감동이 없었다. 지금 생각해보면 참 감사하다. 만약 그때 떠났다면 일만 장애인 파송운동도, 경기도교육청의 조례안 개정도 보지 못했을 것이다. 그래서 참 감사하다. 과정은 고되고 아프지만, 결국 합력하여 선을 이루시는 하나님을 만났다.

그제야 이유를 알았다. 하나님이 광야로 나가라 하신 뜻을 알았다. 광야이기에 붙잡을 수 있는 게 하나도 없었다. 그래서 하나님만 붙들 수 있었다. 광야이기에 보이는 것이 아무것도 없었다. 그래서 하나님이 더욱 선명하게 보였다. 하나님이 하실 일을 보여주시려, 하나님만 보이는 곳으로 인도하셨다. 사명의 자리를 지킬 때, 기어이 하나님의 일하심을 보았다. 하나님이 있으라 하시는 곳에 있을 때 행복하다. 그곳에 하나님이 계시기 때문이다. 하나님이 계시는 곳에 있을 때, 가장 행복하다. 사명이 행복이다.

04
잔칫집의 기쁨
가난한 자, 장애인, 노숙인으로 가득한

안식일에 병자를 고치신 예수님

베데스다 연못에 38년 된 병자가 있었다. 그는 오랫동안 걷지 못했다. 소망 없는 그의 인생에 예수님이 찾아오셨다. 그가 깔고 누웠던 자리를 들고 걸어가라고 하셨다. 38년을 걷지 못했던 사람이 일어나 자리를 들고 걷기 시작했다. 기적이 일어났다.

그날은 안식일이었다. 유대인들이 자리를 들고 걸어가는 사람을 발견하고는 왜 안식일에 자리를 드는 일을 하느냐고 비난했다. 그를 고쳐준 이가 예수님인 줄 뒤늦게 알고는 그때부터 유대인들이 예수님을 박해하기 시작했다. 안식일을 어긴다고 비난하며 예수님께 찾아와서 시비를 걸었다.

> "다른 날들도 많은데 왜 안식일에 사람을 고치냐? 일할 날들이 많은데, 왜 안식일에 사람을 고치는 일을 하느냐?"

평생을 걷지 못하던 사람이 마침내 걸었는데, 기뻐하기는커녕 율법을 어겼다며 분개했다. 예수님은 그들에게 단호히 말씀하셨다.

> "내 아버지께서 이제까지 일하시니 나도 일한다"
> (요한복음 5:17).

예수님은 하나님 아버지가 쉬지 않는다고 하셨다. 안식일에도 쉬지 않고 일한다고 하셨다. 하나님이 안식일에 쉴 수 없었던 사연이 있었다.

안식일에 쉬지 못하신 이유

하나님이 세상을 창조하실 때, 날마다 "좋았더라"라고 하셨다. 그 지으신 것을 보시고 좋아하셨다. 여섯째 날이 밝았다. 하나님은 땅에 기는 동물들을 지으셨다. 동물들을 보시고 "좋았더라"(창 1:25) 하셨다. 여섯 번째 "좋았더라"였다. 이어서 하나님은 사람을 창조하셨다. 그런데 이번엔 이전과는 사뭇 달랐다. 앞선 날들은 '말씀'으로만 세상을 창조하셨다. 그런데 사람을 창조할 때는 삼위 하나님이 함께 의논을 하셨다.

"우리가 우리의 형상을 따라 사람을 만들자."

하나님의 형상을 닮은 사람을 창조하기로 하셨다. 손수 흙으로 사람을 빚어 그 코에 생기를 불어넣으시니 사람이 생령이 되었다. 하나님 앞에서 몸을 움직이고, 눈을 껌뻑였다. 영혼을 가진 생명이 되었다. 하나님이 그 사람과 지으신 모든 것을 보시고 "심히 좋았더라"(창 1:31)라고 하셨다. 이전보다 더욱 좋아하셨다. 창조를 완성했기에 "심히 좋았더라" 하셨다.

하지만 그것이 전부가 아니었다. 바로 사람 때문이었다. 지으신 사람을 보시고 기쁨을 주체하지 못하셨다. 사람을 자식으로 지으셨기 때문이다. 단순한 피조물이 아닌, 하나님의 형상을 닮은 자녀로 지으셨다. 부모가 태어난 자식을 보고 기쁨을 주체하지 못하듯이 하나님은 사람을 보고 기쁨을 주체하지 못하셨다. 사람을 창조하신 하나님은 일곱째 날에 안식하셨다.

사람은 하나님을 아버지로 모시고 행복하게 살았다. 그토록 행복했는데, 사람이 행복을 걷어찼다. 죄를 짓고 말았다. 뱀이 찾아와 사람을 유혹했다. 선악을 알게 하는 나무의 열매를 먹으면 하나님처럼 된다고 했다. 사람은 선악과를 따 먹고 말았다. 다른 이유는 없었다. 하나님이 되고 싶었다. 더 이상 내 삶에 하나님이 필요 없다는 선언과도 같았다. 내가 하나님이 되겠다고, 하나님 앞에서도 하나님 노릇하고, 사람 앞에서도 하나님 노릇하겠다고 선악과를 따 먹었다. 하나님이 사람을 버림이 아니라 사람이 먼저 하나님을 버렸다. 하나님이 되리라고 기대했는데, 사람은 죄인이 되었다. 그렇게 하나님을 떠났다.

사람이 죄를 지어 하나님을 떠난 순간부터 하나님은 안식일에 쉬지 못하셨다. 자식이 집을 나갔는데, 그 어느 부모가 발을 뻗고 안식하겠는가. 자식으로 지은 사람이 죄를 지어 하나님을 떠났는데, 하나님이 어떻게 발 뻗고 안식하시겠는가. 그래서 예수님이 말씀하신 것이다.

"내 아버지께서 이제까지 일하시니 나도 일한다."

내 아버지는 안식일에 쉬지 않으신다는 것이다. 잃어버린 자식들을 되찾으려 쉬지 않고 일하신다는 것이다. 아버지께서 일하시는데, 어찌 내가 안식일에 쉴 수 있느냐며 반문하셨다. 예수님의 말에 유대인들의 기가 꺾였다. 뭐라 대답할 말을 찾지 못하고 분해서 이를 갈았다.

넘어뜨리려다 되레 넘어진 바리새인들

예수님이 안식일에 사람을 고치신 뒤로, 바리새인들과 종교 지도자들은 예수님을 죽이기로 결심했다. 예수님을 없애려고 모의했다. 예수님이 안식일을 어겼다며, 더군다나 하나님을 자기 아버지라고 하는 신성모독의 죄를 범했다고 소문을 냈다. 그러나 예수님을 쫓아다니며 어떻게든 넘어뜨릴 구실을 만들려고 시도 때도 없이 모함했지만, 번번이 실패했다.

하루는 바리새인들의 지도자가 예수님을 초대하여 자기 집에서 함께 떡을 먹었다. 그런데 함께한 바리새인들이 예수님을 '엿보고' 있었다. 예수님을 대접하려고 부른 것이 아니라 예수님을 시험하여 넘어뜨릴 목적이었다.

바리새인들이 모인 자리에 전혀 의외의 인물이 등장했다. 수종병에 걸린 사람이었다. 온몸이 부었고, 배에 복수가 차오른 병자였다. 불치의 병으로 어떤 의사도 고치지 못했다. 그런데 수종병자가 바리새인들과 함께 있었다. 더군다나 바리새인의 지도자의 집에 있었다. 그가 있을 자리가 아니었다. 낄 수 있는 곳도 아니었다. 다분히 예수님을 넘어뜨리려는 바리새인들의 의도가 있었다.

전에 예수님이 안식일에 병자를 고쳤을 때, 제대로 대응하지 못했다고 여기고 이번에 예수님이 수종병자를 고치면 그때와 다른 전략으로 대응하려 했다. 그러나 예수님은 그들의 의도를 정확히 아셨다. 그들의 마음을 꿰뚫고 먼저 질문하셨다.

"안식일에 병 고쳐주는 것이 합당하냐 아니하냐?"

(누가복음 14:3)

바리새인들은 아무 말도 하지 않았다. 일부러 대답하지 않았다. 예수님은 수종병자에게 시선을 돌리셨다. 그리고 그의 병을 즉시 고쳐주셨다. 예수님이 다시 바리새인들을 바라보며 질문하셨다.

"너희 중에 누가 그 아들이나 소가 우물에 빠졌으면 안식일에라도 곧 끌어내지 않겠느냐?"(누가복음 14:5)

이번에도 바리새인들은 침묵했다. 그런데 직전과는 달랐다. 직전엔 말을 하지 않은 것이라면, 이번엔 말을 하지 못했다. 눈앞에서 병자가 낫는 모습에 흠칫 놀랐다. 더군다나 예수님의 말씀을 반박할 수 없었다. 안식일에 아들이나 소가 우물에 빠졌으면 구할 것이 자명했기 때문이다. 아들 같은 소중한 존재라면 안식일에도 반드시 구출했다. 소와 같은 큰 재산이어도 마찬가지였다. 그가 수종병자여서, 아무런 힘이 없는 병자였기에 문제 삼았을 따름이다. 자신들과 아무 상관이 없는 사람이기에 병이 낫든 말든 상관하지 않았다. 병자의 살아남을 통해 예수님을 죽이려 했다. 바리새인들의 마음이 얼마나 완악한지 밝히 드러났다.

예수님은 바리새인들이 파놓은 함정임을 뻔히 아심에도 불구하고, 기어이 수종병자를 고치셨다. 왜냐하면 그가 하나님의 자식이기 때문이었다. 사람의 눈으로 보기에는 병자이지만, 하나님 눈에는 자식이었다. 자식을 살리는 일보다 중요한 일은 없으셨다. 꿀 먹은 벙어리가 된 바리새인들을 바라보셨다.

그들은 잔치의 높은 자리부터 차지하고 앉아있었다. 예수님은 한 가지 비유를 들려주셨다.

자신을 낮추면 높아지고, 높이면 낮아진다

한 사람이 잔치에 청함을 받았다. 높은 자리가 보이자 바로 가서 앉았다. 연회장에 자신보다 높은 사람이 보이지 않았기에 뿌듯한 마음으로 잔치에 참여했다. 잠시 후, 잔치의 주최자가 다가와서는 조심스레 말했다.

"높은 분께서 방금 잔치에 오셨습니다. 죄송하지만 자리를 피해주셔야만 할 것 같습니다."

듣던 사람이 당황했다. 도대체 얼마나 높은 사람이기에 이런 무례를 범하는지 화가 났다. 화를 내려고 하다가 말았다. 주최자의 곁에 선 사람을 보았기 때문이다. 자신도 어쩔 도리가 없는 사람이었다. 자리를 비켜줄 수밖에 없었다.

얼굴이 화끈거렸다. 다른 사람의 시선이 느껴졌다. 얼른 다른 자리를 찾았다. 아뿔사, 이미 자리가 꽉 찼다. 맨 끝에 한 자리만 남아있었다. 하는 수 없이 끝으로 갈 수밖에 없었다. 짧은 거리인데, 참 멀게만 느껴졌다. 사람들의 조소 어린 눈빛에 차마 고개를 들지 못했다. 잔치가 마칠 때까지, 고개를 들 수 없었다.

다른 한 사람이 있었다. 그는 명망 있는 사람으로 어떤 잔치에 초대를 받았다. 당연히 높은 자리에 앉아야 할 사람인데, 맨 끝자리로 갔다. 조용히 앉아서 잔치에 참여했다. 연회가 한창일 때, 주최자가 그를 보았다. 맨 끝에 앉아있는 것을 보고 화들짝 놀라 얼른 가서 그를 일으키며 말했다.

"친구여, 여기 가장 높은 자리에 올라 앉으라."

그가 일어나 높은 자리를 향했다. 주변에 있던 사람들이 그제야 그를 알아보았다. 하나같이 놀라 그의 겸손함에 탄복했다. 그렇게 사람들의 우러러보는 눈빛을 받으며 높은 자리에 앉았다. 잔치에 가장 빛나는 손님이 되었다. 예수님은 이 비유를 통해 바리새인들에게 단호히 말씀하셨다.

"무릇 자기를 높이는 자는 낮아지고, 자기를 낮추는 자는 높아

지리라"(누가복음 14:11).

자신을 높이는 데만 관심을 가지는 바리새인들의 민낯을 드러내셨다. 겸손함으로 낮은 데에 마음을 두라고 하셨다. 교만함으로 스스로를 높인 이는 망하지만, 겸손함으로 스스로를 낮춘 이는 흥한다. 겸손한 자를 결국은 하나님이 높이신다. 바리새인들에게 스스로를 돌아보라고 하신 말씀이었다.

가장 복된 구제

예수님은 자신을 잔치에 청한 자를 바라보며 말씀하셨다.

"네가 점심이나 저녁이나 베풀거든 벗이나 형제나 친척이나 부한 이웃을 청하지 말라. 두렵건대 그 사람들이 너를 도로 청하여 네게 갚음이 될까 하노라. 잔치를 베풀거든 차라리 가난한 자들과 몸 불편한 자들과 저는 자들과 맹인들을 청하라"(누가복음 14:12-13).

예수님의 말씀에 사람들이 충격을 받았다. 잔치를 베푸는데 당연히 올 사람들을 청하지 말고, 오히려 가난한 자들을 청하라고 하시니 도무지 이해할 수 없었다. 내가 그들에게 무언가를 해줘도 얻을 것이 없었다. 아무런 유익이 되지 않았다. 더군다나 장애인들까지 집에 들이라고 하셨다. 성전 미문에서 구걸하면 했지 성전에 들이지 않는 장애인을 내 집에 들이라니, 도저히 용납할 수 없는 말씀이었다. 예수님이 계속 말씀하셨다.

"그들이 갚을 것이 없으므로 네게 복이 되리니 이는 의인들의 부활시에 네가 갚음을 받겠음이라"(누가복음 14:14).

바리새인들을 뒤흔드는 말씀이었다. 왜냐하면 바리새인은 사두개인과 달리 부활을 믿었기 때문이다. 내세의 삶을 믿었다. 그런데 지금 예수님이 부활을 말씀하셨다. 부활 시에 펼쳐질 일들을 알려주셨다. 부활의 그날에 하나님으로부터 갚음을 받는데, 이 땅에서 가장 별 볼일 없는 사람들에게 행한 일을 갚아주신다. 도무지 갚을 능력이 없는 사람에게 선대한 것을 하나님이 대신 갚아주신다. 이 땅에서 갚음을 받지 못한 선행만이 부활 이후에 하나님께로부터 갚음을 받는다. 가히 충격적인 말씀이었다.

부활을 믿지만 말씀대로 살지 않는 모순

부활을 믿는다던 바리새인들은 정작 부활 이후의 삶에는 관심이 없었다. 땅의 것만을 늘 염두에 두고 살았다. 이 땅에서 누릴 것 다 누리려 했다. 사람들의 칭찬과 대접을 끝없이 추구했고 사람들로부터의 갚음만을 갈구했다. 하나님의 갚음을 일절 생각하지 않았다. 내세를 기대하기에는 현세가 너무 좋았기에 하나님의 갚음에는 전혀 관심이 없었다. 애초에 하나님께 관심이 없었다.

하나님을 믿는다고 하지만, 오히려 하나님을 이용하려 했다. 하나님의 말씀을 전한다면서, 오히려 하나님의 말씀을 이용했다. 하나님의 말씀을 통해 하나님이 아니라, 스스로를 높였다. 내가 하나님 되려고 했다. 이 땅에서 하나님 놀이하는 것에 정신이 팔린 채 살았다. 하나님의 말씀을 무기 삼아 하나님 노릇하기에 여념이 없었다. 자신도 하나님의 말씀을 지키지 않으면서, 더 엄한 말씀의 잣대로 사람들을 억압했다. 내가 말씀을 알고 가르치니 괜찮다고 여겼다. 하나님 앞에서 하나님 노릇하고, 사람들 앞에서도 하나님 노릇하려 했다. 그러니 높은 데로 올라가야만 했다. 꼭대기에 서야만 했다. 내가 하나님 되어야만 했기 때문이다. 낮은 데에는 관심이 없었다. 가난하고 병들고 장애를 가진 이들을 일절 쳐다보지도 않았다. 내가 하나님 되는 데 도움이 될 만한 사람들하고만 어울렸다. 나를 하나님 만들어주는 사람들을 곁에 두었다.

예수님은 바리새인들에게 경고하신 것이다. 하나님의 말씀을 사익(私益)을 위해 이용하고, 스스로 하나님이 되어 높임 받기만을 원하고, 내세를 말하면서도 오직 현세만을 위해 살아가는 이중성을 드러내셨다.

예수님과 바리새인들의 이야기를 듣고 있던 한 사람이 외쳤다.

"무릇 하나님의 나라에서 떡을 먹는 자는 복되도다!"
(누가복음 14:15)

그 말을 들으신 예수님이 한 가지 이야기를 들려주셨다. 하나님의 나라에서 떡을 먹는 자란 무엇인지 비유로 풀어주셨다.

잔치의 초청을 거절한 사람들

한 마을에 부자가 있었다. 하루는 그가 큰 잔치를 베풀었다. 잔치를 준비하면서 사전에 여러 사람들에게 초대장을 보냈다. 마침내 잔치의 준비를 마쳤다. 부자는 종을 시켜서 사람들을 오라고 했다. 종이 초대장을 받은 이들을 찾아가서 말했다.

"이제 잔치에 오소서. 모든 것이 준비되었습니다."

그런데 사람들이 오지 못한다고 했다. 첫 번째 사람은 밭을 샀는데, 나가서 밭을 봐야 한다며 거절했다. 두 번째 사람은 소를 샀는데, 건강한 소인지 시험을 해본다며 거절했다. 세 번째 사람은 결혼했으니 갈 수 없다며 거절했다. 모두가 일치하게 사양했다.

애초에 처음 초대했을 때 사양하면 됐을 텐데, 준비를 다 마치니 오지 않는다고 했다. 종이 가서 주인에게 소식을 전하자 주인이 단단히 화가 났다.

잔치에 초청된 가난한 자들과 장애인들

주인이 즉시 종에게 명령했다.

> "빨리 시내의 거리와 골목으로 나가서 가난한 자들과 몸 불편한 자들과 맹인들과 저는 자들을 데려오라"(누가복음 14:21).

주인의 말에 종이 놀랐다. 가난한 자들과 장애인들을 잔치에 데리고 오라니, 무슨 말인지 이해할 수 없었다. 그런 사람들을 잔치에 들이다니, 듣도 보도 못한 일이었다. 더군다나 그들이 올지도 미지수였다. 가난하다고, 장애가 있다고 해도 억지로 데리고 올 수 없는 노릇이었다. 잔치에 가자고 하면 오히려 의심의 눈초리로 바라볼 것이 분명했다. 자신이 잘못 들었나 하여 주인을 바라보니, 진심이었다.

종은 즉시로 시내의 거리와 골목으로 뛰어갔다. 가난한 사람들과 장애인들을 잔치에 초대했다. 그들은 놀랐다. 누구도 잔치에 자신들을 초대해준 적이 없었기 때문이다. 누구도 거들떠보지 않는 인생이었다. 그런데 잔치에 초대를 한다니, 꿈인가 생시인가 싶었다.

그런데 더 놀란 사람이 있었다. 바로 종이었다. 초대한 사람 중 누구도 거절하지 않았다. 의아해하고, 감격하고, 되묻는 이들은 있었지만, 불편해하거나 거절하는 이들이 없었다. 잔치에 초청한 주인의 이름을 대니, 마치 그들이 주인을 아는 것 같았다. 선뜻 잔치에 가겠다고 했다. 그렇게 종의 손에 붙들려 많은 이들이 잔치에 왔다. 순식간에 연회장은 사람들로 북적였다.

하나님 없이도 살 수 있다는 사람들

사람들을 데리고 온 종이 주인에게 의외의 말을 했다.

"주인이여 명하신 대로 하였으되 아직도 자리가 있나이다"
(누가복음 14:22).

종은 아직도 빈자리가 있다고 했다. 이상한 말이었다. 분명 잔치에 오지 않겠다던 사람은 세 사람이었다. 밭을 산 사람, 소를 산 사람, 결혼한 사람이 전부였다. 종이 나가서 가난한 사람들과 장애인들을 데리고 왔다. 많은 이들을 데려왔다. 분명, 세 사람 이상이었다. 잔치 자리가 북적거렸을 것이다. 그럼에도 자리가 남았다는 것은 처음에 거절한 이가 세 명이 아니란 의미였다. 소와 땅과 배우자로 대변되는 많은 사람들을 의미했다. 애초에 잔치에 초대받은 사람들이 다 오지 않았다.

밭을 사고, 소를 사고, 결혼한 사람들의 공통점이 있었다. 의지할 것이 있었다. 하나님 없이 살 수 있다고 생각하는 사람들이었다. 삶이 풍족했고 결핍이 없었다. 하나님 없어도 먹고사는 데 아무런 불편을 느끼지 못했다. 그러니 굳이 하나님을 찾지 않았다. 하나님의 천국잔치 초청에 응하지도 않았다. 하나님보다는 자기 소유에 관심이 있었다. 내가 이미 가지고 있는 것들을 돌보는 데 집중했다. 하나님이 비집고 들어갈 틈을 내주지 않았다. 의지할 것이 있는 사람들은 잔치에 오지 않았다.

잔치에 초청된 노숙인들

아직도 자리가 비었다는 종의 말에 주인이 즉시로 명령했다.

> "길과 산울타리 가로 나가서 사람을 강권하여 데려다가 내 집을 채우라"(누가복음 14:23).

주인의 말에 종이 화들짝 놀랐다. 산울타리 가는 거지들과 방랑자들이 있는 곳이기 때문이다. 집이 없어 노숙하는 이들이 모인 곳이었다. 사람들에게 버림당한 자들이었다. 가난한 자들과 장애인들을 잔치에 초대하는 일만 해도 놀라운데, 노숙인들을 데리고 오라니 믿기지 않았다. 아무리 잔치에 초대받은 이들이 오지 않았다고 해도, 노숙인들까지 집에 들이는 것은 한 번도 상상하지 못한 일이었다. 주인이 홧김에 그런 것도 아니었다. 오히려 지금 주인이 하는 일들은 자신을 거절한 이들에게 조롱을 당할 일이었다.

더 놀라운 것은 주인이 산울타리 가를 알았다. 그곳에 사람들이 있는 것을 알고 있었다. 도무지 이해할 수 없는 일의 연속이었다. 시내의 거리와 골목이야 자주 다니는 길이니까 가난한 자들과 장애인들이 있음을 알 수야 있겠다. 그런데 산울타리 가는 직접 찾아가보지 않으면 알 수 없는 곳이었다. 종은 주인이 그곳을 다녀왔나 싶었다. 그렇지 않고는 도저히 알 수 없는 노릇이었다.

더군다나 노숙인들을 잔치에 데리고 오라니, 종은 자신이 없었다. 가난한 이들과 장애인들이야 오고 가며 만난 경험이 있기에 그나마 수월했다. 그런데 노숙인은 달랐다. 산울타리 가로 나갈 일이 많지 않았다. 지금껏 그들을 찾아가서 만날 이유가 없었다. 솔직히 만나고 싶지도 않았다. 모든 것을 다 잃고 자포자기한 사람들을 상대하기가 두려웠다. 그럼에도 종은 가야만 했다. 주인의 명령이었기 때문이다. 주인이 자신에게 맡겨준 일이었다.

종은 산울타리 가로 나갔다. 아까처럼 노숙자들을 잔치에 초대했다. 그런데 놀라운 일이 일어났다. 노숙인들이 감격했다. 잔치에 가겠다며 선뜻 따라나섰다. 이번에도 아까와 상황이 비슷했다. 주인의 이름을 말하며 잔치에 청한다고 하니, 노숙자들이 군말 없이 따라왔다. 누구도 시비를 걸지 않았다.

하나님 나라 잔치의 실제

그렇게 종은 많은 노숙인들을 잔치에 데려왔다. 그렇게 잔치는 사람들로 발 디딜 틈도 없었다. 가난한 사람들, 장애가 있는 사람들, 집이 없는 사람들이 잔치의 주인공이었다. 살면서 누구에게도 초청받지 못했던 사람들로 가득했다. 누구도 살면서 한 번도 보지 못했던 광경이었다. 그런데 더 놀라운 장면이 있었다. 바로 주인이었다. 주인이 사람들을 두 팔 벌려 환대해주었다. 반갑게 인사하며, 손을 잡아주었다. 포옹하며 서로의 안부를 나눴다. 와줘서 고맙다는 주인과 청해줘서 고맙다는 손님들의 인사가 그칠 줄 몰랐다. 서로가 서로에게 고마워했다. 서로가 서로를 기뻐했다.

종은 그제야 알았다. 왜 가난한 사람들, 장애인들, 노숙인들이 잔치에 온 것인지 그 이유를 알았다. 주인이 그들을 이미 알고 있었다. 그들도 마찬가지였다. 설령 주인을 처음 만나는 사람일지라도 주인을 알았다. 골목과 산울타리 가를 찾아오는 선량한 부자의 이야기를 익히 알고 있었다. 그러니 주인의 초청에 선뜻 응한 것이다. 다른 사람도 아닌, 주인이 초대했기에 기꺼이 와주었다.

주인은 홧김에 그들을 부르지 않았다. 빈자리 채우기용도 아니었다. 주인의 초청을 소중히 여기는 사람들을 초대했다. 누구에게 초대받은 적도 없고, 환영받지도 못했던 인생이기에 주인의 초청을 큰 영광으로 여겼다. 그곳은 눈물바다였다. 기쁨과 감격의 눈물로 가득했다. 심령이 가난한 그들은 복이 있었다. 잔치가 그들의 것이었다.

잔치에 기이한 광경이 하나 더 있었다. 누구도 높은 자리에 앉으려 하지 않았다. 그저 잔치에 초대받음을 기뻐하고 감격하고 감사했다. 앉지 않아도 좋았다. 그곳에 주인이 있었기 때문이다. 자격이 없는 자신들을 초대해 준 주인과 함께하는 것만으로도 기뻤다.

천국은 그런 곳이다. 나 같은 사람이 올 수 있을까 싶은 사람들이 온다. 천국에 갈 자격이 안 됨을 절감하는 사람들만 간다. 내 힘으로 안 되는 줄 안다. 그래서 나를 부르시는 주인이신 하나님만을 의지한다. 하나님이 선택하지 않으시면, 부르지 않으시면 천국에 갈 수 없음을 잘 알기 때문이다. 내 능력이 아닌, 오직 하나님의 은혜로 천국에 갈 수 있음을 시인한다.

반면, 나 같은 사람이 아니면 누가 들어가겠냐는 사람은 천국에 들어가지 못한다. 다른 사람은 몰라도 나는 들어간다며 자신만만한 사람은 들어갈 수 없다. 천국은 자기 능력으로 갈 수 없는 곳이다. 아무리 돈이 많아도, 율법을 많이 알아도 소용이 없다. 스스로 죄의 문제를 해결하지 못하기 때문이다. 한 터럭도 스스로 희고 검게 할 수 없다. 내 힘으로 할 수 없음을 절감해야 하나님의 은혜를 구하는데, 할 수 있다고 여기니 은혜를 구하지 않는다.

"무릇 하나님의 나라에서 떡을 먹는 자는 복되도다!"

(누가복음 14:15)

한 사람의 외침에 대한 예수님의 답을 우리는 들었다. 하나님의 나라에서 떡을 먹을 수 있는 자는 하나님이 여신 잔치에 참여하는 자들이다. 그 잔치에는 가난한 사람들, 장애인들, 노숙인들이 함께했다. 세상의 기준으로 실패한 인생이요, 쓸모없는 사람들이라고 여길지라도, 엄연한 하나님의 아들이요 딸이다. 사람들은 소유를 통해 영혼의 무게를 잰다. 하지만 하나님 보시기에 영혼의 무게는 같다. 돈이 많아도 영혼이 무겁지도, 돈이 없다고 영혼이 가볍지도 않다. 그러니 하나님은 차별하지 않으신다. 그래서 차별받는 자들을 돌보신다. 하나님이 아니면, 그들을 돌봐줄 사람들이 없기 때문이다. 하나님의 마음으로 그들과 함께하는 이들은 복되다. 그곳에 하나님이 계신다. 하나님이 친히 통치하신다. 그곳이 바로 하나님의 나라이다. 하나님의 나라에서 떡을 먹는 자들은 복되다.

의인, 이 땅에서의 보상을 피하는 사람들

예수님은 바리새인들에게 부활 시에 갚음이 있다고 하셨다. 그런데 부활하는 사람들이 누구라고 특정하셨다. 바로 의인들이었다. 의인들의 부활 시에 갚음이 있다. 이 땅에서 갚음을 받지 않았기 때문이다. 의인들은 이 땅에서 갚음을 받지 않는 자였다. 이 땅에서 갚음 받는 것을 의도적으로 피했다. 천국에서의 갚음을 믿었기 때문이다.

사람들은 이 땅에서의 갚음을 추구한다. 누구를 도울 때도 갚음 받기를 원한다. 내게 유형이든 무형이든 다시 갚아줄 수 있는 사람들에게 선행을 한다. 결코 공짜로 주는 일은 없다. 착한 일을 한다는 것만으로도 칭찬받기에 충분하다. 대단한 사람이라고 말할 수 있고 존경받아 마땅하다.

신자는 갚을 수 없는 사람에게 선행을 한다. 왜냐하면 갚을 수 없는 사람이야말로, 가장 도움이 절실하기 때문이다. 아무것도 가지지 못했다. 자존감도 바닥이다. 자신의 달란트를 인식하지도 신뢰하지도 못한다. 아무리 사랑을 주어도 밑 빠진 독에 물 붓기이다. 소용이 없는 것 같다. 그럼에도 밑 빠진 독에 물을 계속 붓는다. 돼지에게 진주목걸이를 내던진다.

예수님이 돼지 같은 나에게 진주목걸이를 내던지셨기 때문이다. 밑 빠진 독과 같은 내게 끝없이 사랑을 부으셨기 때문이다. 내가 먼저 그 사랑을 받았으니, 나도 사랑한다. 조건 없이 나를 사랑하셨으니, 나도 조건 없이 사랑할 따름이다. 그렇게 사랑하는 길을 걷다 보면 깨닫는다. 보상은 중요하지 않다. 사랑할 수 있음에 감사하다. 사랑함이 보상이 된다. 더 이상 보상의 자리를 찾지 않는다. 사랑할 자리를 찾는다. 보상의 자리는 찾는데 시간이 오래 걸리지만, 사랑할 자리는 금세 찾는다.

훗날 천국에서 주님의 갚음을 바라는 자는, 이 땅에서 주님과 동행한다. 그게 더 좋다. 천국에서 하나님의 영원한 칭찬을 받고, 이 땅에서 하나님과 평생 동행한다. 그러니 이 땅에서 갚음이 없는 것이 아니다. 가장 좋은 갚음이 주어진다. 하나님과의 동행보다 더 큰 보상은 없다. 참으로 복된 길이며 가장 행복한 길이다. 갚을 수 없는 사람에게 손을 내밀자. 지금 주님이 내 손을 잡아주신다.

함께 묵상

바리새인들은 부활을 믿는다고 하면서도 부활 이후의 삶에 관심이 없었다. 오직 이 땅에서 대접받고, 잘 먹고 잘사는 일에만 혈안이었다. 자신과 같은 레벨의 사람들만 상대했다. 선행조차도 내게 다시 돌려줄 사람들에게만 했다. 예수님은 갚을 것이 없는 사람들에게 선행을 하라고 하셨다. 그래야 부활 후에 하나님이 갚아주시기 때문이다. 예수님은 가난한 자, 장애인, 노숙인들과 함께하는 자리가 하나님 나라의 잔치라고 하셨다. 세상에서 외면을 당해도 엄연한 하나님의 자식들로 가득한 잔치의 자리를 하나님은 기뻐하신다. 그들을 잔치에 초대하는 것이 신자의 사명이요, 하나님이 가장 기뻐하시는 일이다.

Q1. 하나님은 사람을 자녀로 지으셨습니다. 창조된 사람을 보시고 기쁨을 주체하지 못하셨습니다. 나를 바라보시는 하나님의 기쁨을 경험한 적이 있나요?

Q2. 부활을 믿는다지만, 결국 바리새인들은 현세만을 바라보고 살았습니다. 부활을 믿지 않았습니다. 부활을 믿는 자의 삶은 어떠해야 할까요?

Q3. 예수님은 이 땅에서 갚음을 받지 말라고 하셨습니다. 부활 이후에 하나님의 갚아주심이 있다고 하셨습니다. 지금 내가 하는 선행은 어떤가요?

Q4. 심령이 가난한 자들을 천국잔치에 초대하는 것이 신자의 사명입니다. 복음을 빨아들이는 그들을 위해 지금 내가 무엇을 할 수 있을까요?

Q5. 소외된 이웃을 섬기다 보면 상처를 받을 때가 있습니다. 그럼에도 불구하고 사랑을 포기하지 않아야 할 이유는 무엇일까요? 어떻게 해야 끝까지 사랑할 수 있을까요?

Blue Note 4
복음을 빨아들이는 사람들

자기 몸을 자해하는 사람들을 보았다. 이미 어깨 수술을 한 번 했는데, 깁스한 팔을 억지로 당겨서 탈구시키는 사람들을 보았다. 그렇게 재수술을 하고 의병전역을 했다. 전역한다고 환하게 웃으며 돌아갔다. 온갖 방법으로 자해하여 집에 가려고 안간힘을 쓰려는 사람들이 모인 곳, 바로 군병원이었다.

군인이 군병원에 입원하면 편할 거라고 생각한다. 훈련에서도 제외되고, 누워서 쉬니까 좋을 거라고 생각한다. 전혀 그렇지 않았다. 몸은 편할지 몰라도 마음이 불편했다. 초조하여 불안함을 감추지 못했다. 스스로 잘 알기 때문이었다. 치료받고 부대에 복귀하면 죽는다고 생각했다. 남들 훈련받을 때, 혼자서 병원에서 편히 쉬고 왔다고 갈굼 당할 것을 알았다. 그래서 자기가 아는 모든 방법을 동원해 집에 가려고 했다. 온갖 자해와 꾀병이 난무했다. 세상에서 가장 마음이 가난한 사람들이었다.

군병원에 입실한 첫째 주일, 병원 내에 있는 교회를 갔다. 장의자가 두 줄로 놓여 있는 작은 교회였다. 한쪽은 군병원에서 근무하는 기관병들의 자리였다. 기관병들로 자리가 대부분 찼다. 반대편에는 입실한 환우들의 자리였다. 입원한 환자만 해도 300명 가까이 되니 당연히 많이 올 거라고 생각했는데, 5명이 앉아 있었다. 너무 충격적이었다.

예배를 마치고, 군종목사님을 만났다. 대화 중에 '환우회'를 만들어 활동하고 싶다고 말씀드렸다. 목사님이 기뻐하며 허락해주셨다. 그날부터 환우들을 심방하기 시작했다. 매일 오후 2시에 교회에서 티타임을 가졌다. 간식들을 잔뜩 준비해놓고, 병동을 돌며 티타임을 광고했다. 그렇게 사람들이 모이기 시작했다. 모이면 신앙적인 이야기는 하지 않았다. 한 사람, 한 사람의 이야기를 그저 들어주었다. 함께 고민하며 공감했다. 신기하게도 그들이 먼저 신앙적인 이야기를 꺼내기 시작했다. 어떻게 해야 예수님을 믿을 수 있는지 물었다. 그렇게 복음을 전하고, 함께 예수님을 믿겠노라고 기도했다.

하루는 한 환우가 찾아왔다. 교회를 다니고 싶은데, 한 가지 걸리는 것이 있다고 했다. 지갑에서 뭘 꺼내 보여주는데 부적이었다. 입대 전에 어머니가 2천만 원을 주고 쓴 부적이라고 했다. 부적 때문에 교회에 가고 싶어도 갈 수 없고, 두려워서 버릴 수도 없다고 했다. 환우의 말을 다 듣고 내가 부적을 버려주겠다고 했다. 깜짝 놀란 환우가 조심스레 고개를 끄덕였다. 함께 병원 옆 개천으로 갔다. 부적을 갈기갈기 찢어 개천에 흘려보냈다. 그렇게 부적을 버린 환우는 교회를 나오기 시작했다.

나의 무릎 수술 날짜가 다가왔다. 무릎 같은 경우는 보통 군병원이 아닌, 일반병원에서 수술을 받지만 그럴 돈이 없던 내게는 선택지가 없어 군병원에서 수술을 받았다. 다행히 좋은 군의관을 만나 수술을 잘 마쳤다. 회복실에 누워 있는데, 외로웠다. 아픈데 누구 하나 찾아오는 사람이 없었다. 그때 결심했다. 수술한 환우들이 회복실에 누워 있을 때, 심방을 가기로 결심했다.

다음 날부터 목발을 짚고 회복실 심방을 갔다. 평소 날 알던 간호장교가 허락해주었다. 누워 있는 환우의 머리맡에 선물을 주고, 귀에 대고 내 소개를 했다.

"안녕하세요. 수술받느라 힘드셨죠? 힘내시라고 작은 선물을 가지고 왔어요. 괜찮으시면 제가 기도해드려도 될까요?"

그때마다 놀라운 일이 일어났다. 비몽사몽이거나 마취가 깨서 힘든데, 모두 고개를 끄덕였다. 심지어 교회를 다니지 않는 사람일지라도 기도를 받겠다고 했다. 그들의 손을 붙들고 간절히 기도했다. 그렇게 회복실에서 나온 사람과 병동에서 마주치면, 손을 흔들며 반갑게 인사했다.

부대로 복귀할 날이 다가왔다. 마지막 주일 예배를 드리는 날이었다. 평소처럼 30분 전에 예배당에 와서 기도로 준비했다. 예배 시간이 가까워질수록 뒷자리에서 웅성거리는 소리가 났다. 점점 소리가 커졌다. 무슨 소리인가 궁금해서 뒤돌아보고 싶었지만 계속 기도했다. 예배 시간이 되어 눈을 뜨고 뒤를 돌아보는데, 너무 놀랐다. 환우들로 자리가 꽉 찬 것이다. 환우들이 앉을 자리가 부족해 기관병들의 자리에 끼어서 앉았다. 눈으로 보고도 믿기지 않는 광경이었다. 결코 내 능력이 아니었다. 심령이 가난한 환우들을 사랑하신 하나님께서 친히 행하신 일이었다.

환우들과 함께하며 한 가지 깨달았다. 심령이 가난한 자들이 복이 있다는 주님의 말씀이 삶으로 깨달아졌다. 마음이 가난한 자들에게 복음을 전하면 받아들인다. 의지할 데가 한 군데도 없기 때문이다. 얼른 복음을 내놓으라는 눈빛으로 갈망한다. 복음을 소중히 여기고 마음에 간직한다. 의지할 것 없는 인생이 예수님을 의지하기 시작한다. 예수님을 사랑한다.

오늘날 전도가 안 되는 세대라고 한다. 그런데 꼭 그렇지 않더라. 전도가 안 되는 이유는 내 주변만 보기 때문이다. 나와 비슷한 수준의 사람들만 보기 때문이다. 당장 먹고살 문제가 없는 사람들, 하나님이 없어도 괜찮다고 여기는 이들에게 복음을 전하려 하기 때문이다. 그런데 한 걸음만 낮은 데로 나아간다면, 삶이 가난하여 마음도 가난한 사람들에게 복음을 전한다면, 이야기가 달라진다. 복음에 적극적으로 반응한다. 복음을 받아들이는 차원을 넘어, 빨아들인다. 복음을 빨아들일 사람들이 지천에 가득하다. 그러니 오늘도 복음 들고 내려간다.

05
예수님과의 영원한 추억

마침내 재림하신 예수님

마침내 예수님이 다시 오셨다. 예수님은 모든 민족을 그 앞에 모으셨다. 오른편과 왼편에 사람들을 따로 모아 세우셨다. 양의 무리라 불린 이들은 오른편에 세우셨고, 염소의 무리라 불린 이들은 왼편에 세우셨다. 양의 무리에 있는 사람들은 한없이 평안해 보였다. 기쁨과 감사의 눈물을 흘리고 있었다. 오실 주님을 두 손을 들어 맞이했다. 반면, 염소의 무리에 있는 사람들은 어딘가 불안해 보였다. 서로 눈치를 보았다.

염소의 무리에는 세상에서 이름 난 사람들이 많이 보였다. 유명한 사람들이 곳곳에 눈에 띠었다. 그들을 확인하고는 주변의 사람들이 안심하는 눈치였다. 저런 사람들이 오는 곳이라면 분명히 내가 갈 곳은 천국이라고 확신했다. 모두가 인정하는 사람이 곁에 있으니 든든했다. 더군다나 맞은편에 별 볼일 없는 사람들이 있었다. 저 땅에서 가난하고, 무명한 자들이 더 많아 보였다. 염소 무리의 얼굴에 화색이 돌았다. 더욱 확신을 가졌다. 자신들의 구원을 확신했다. 저런 사람들이 가는 곳이라면, 반드시 지옥일 것이라 믿었다. 예수님은 오른편에 양의 무리에 있는 자들을 바라보시며 말씀하셨다.

> "내 아버지께 복 받을 자들이여 나아와 창세로부터 너희를 위하여 예비된 나라를 상속받으라"(마태복음 25:34).

예수님의 말씀에 염소의 무리에 있던 사람들의 가슴이 철렁 내려앉았다. 자기들이 아닌, 맞은편 사람들에게 먼저 구원을 선언하셨기 때문이다. 우리에게 먼저 구원을 선언하셔야 하는 것이 마땅한데, 세상에서 이름나고 잘난 사람들이 다 여기 모였는데, 어떻게 맞은편 사람들에게 먼저 구원을 선포하시는지 이해할 수 없었다. 어찌된 영문인지 몰라 다들 불안해하기 시작했다. 안절부절하지 못했다.

신자에게 고맙다고 하시는 예수님

예수님은 계속하여 양의 무리를 바라보며 말씀하셨다.

"그때 정말 고마웠다. 나 배고플 때 먹을 거 줘서 고마웠다. 나 목마를 때 마실 거 줘서 고마웠어. 나 나그네일 때 영접해줘서 고마웠다. 나 헐벗었을 때 옷 입혀줘서 고마웠어. 나 병들었을 때 돌봐줘서 고마웠다. 나 감옥에 갇혔을 때 면회와줘서 고마웠다."

예수님은 양의 무리에 있는 이들을 한 사람, 한 사람 바라보시며 고맙다고 하셨다. 나를 사랑하고 섬겼으니 천국을 상속받으라고 하셨다. 양의 무리에 있던 사람들이 깜짝 놀랐다. 천국을 상속받아서 놀란 것이 아니다. 그들은 구원을 의심하지 않았다. 다만, 예수님이 하신 말씀 때문이었다. 자신이 예수님을 믿기는 했지만, 이 땅에서 예수님을 대면한 적이 없기 때문이었다. 예수님께 밥이나 물을 드린 적도 없었다. 자신의 집에서 돌보거나 옷을 입혀드린 적도 없었다. 병원이나 감옥에서 예수님을 만난 적도 더욱이 없었다.

지극히 작은 자가 곧 예수님

의아해하는 의인들을 바라보며 예수님이 말씀하셨다.

> "내가 진실로 너희에게 이르노니 너희가 여기 내 형제 중에 지극히 작은 자 하나에게 한 것이 곧 내게 한 것이니라"(마태복음 25:40).

그제야 의인들의 의문이 해소되었다. 내가 만났던 소외된 이웃들이 바로 예수님이었다. 양의 무리에 있는 사람들의 눈에 눈물이 났다. 내가 만났던 사람이 예수님이었다는 사실에 감격하여 눈물이 났다. 이 땅에 있을 적에 의인들은 고민했다. 예수님께서 지신 십자가의 은혜가 너무 감격스러운데, 어찌 이 은혜를 갚을지 고민하고 또 고민했다.

그때 눈에 들어오는 이들이 있었다. 낮은 데에 있는 지극히 작은 자들이었다. 세상 사람들은 외면한 사람들, 쓸모없는 인생이라 여긴 사람들, 그들이 눈에 들어왔다. 이전에는 신경도 쓰지 않았는데, 오히려 곁에 있으면 불편히 여기던 사람들에게 마음이 갔다. 예수님께서 그들을 사랑하시는 줄 알았기 때문이다. 사람의 눈으로 볼 때는 실패한 인생이고 남이지만, 예수님의 눈으로 봤을 때는 자식이기 때문이다. 사람을 지으신 하나님, 태초에 말씀이신 예수님에게는 엄연한 자식이었다. 그 예수님을 구주로 믿고, 마음에 모시고 살기에 신자는 작은 자들을 외면할 수 없었다.

그렇게 의인들은 주변에 소외된 이웃들을 섬겼다. 수중에 가진 것이 많으면 많은 대로, 적으면 적은 대로 나눴다. 때로는 가진 모든 것을 나누기도 했다. 당장 가진 것의 전부인데, 노숙인의 손에 쥐어주었다. 하나님께서 마음에 감동을 주셨기 때문이다. 자신을 먹이고 입히시는 분이 하나님이심을 믿기에 남은 것 또한 흘려보낼 수 있었다. 신기한 일이 일어났다. 주머니는 텅텅 비었는데, 마음이 은혜로 충만했다. 하나님이 주시는 기쁨이 마음을 가득 채웠다. 나를 기뻐하시는 하나님의 마음이 느껴졌다. 나를 흡족하게 바라보시는 주님의 시선이 느껴졌다. 그 시선이 얼마나 강렬한지, 부끄러워 고개를 들 수 없을 지경이었다. 그렇게 낮은 데서 작은 자들을 섬겼다.

섬기면 섬길수록 한 가지가 확실해졌다. 희생이 아니라는 것이다. 은연 중에 내가 희생한다고 생각했는데, 주는 것보다 받는 것이 더 많았다. 사랑을 주려고 갔는데, 오히려 사랑을 받았다. 무엇보다 그들 안에 계신 예수님을 만났다. 그들 곁에 예수님이 계심을 알았다. 그들의 마음에 예수님이 계심도 알았다. 그들과 함께하시는 예수님을 보니, 그들이 예수님처럼 보이는 날들이 있었다. 지극히 작은 자가 곧 나라고 하신 예수님의 말씀을 삶으로 경험했다. 어느 순간부터는 더 이상 불쌍해서 사랑하지 않았다. 예수님이라 사랑했다. 예수님이라 섬겼다.

그런데 재림하신 주님이 내가 만났던 그들이 바로 예수님이라고 하신 것이다. 내가 손을 잡았던 그가 바로 예수님이었다. 나의 느낌, 경험이 틀리지 않았다. 정말 그들은 예수님이었다. 나의 믿음이 옳았음을 예수님의 말씀을 통해 확인했다. 그래서 눈물이 쏟아졌다. 내 삶이 예수님과 동행하는 인생이었음에 감사의 눈물이 흘렀다.

필사적으로 항변한 염소의 무리

기쁨과 환희의 눈물을 흘리는 양의 무리와 달리, 염소의 무리에 있는 사람들의 낯빛이 어두웠다. 불안함과 초조함을 견디지 못해 어쩔 줄 몰라 했다. 두려워 벌벌 떨고 있었다. 방금 전까지 기세가 등등하던 모습은 온데간데없이 사라졌다. 그들이 보았기 때문이다. 양의 무리에게 하신 예수님의 말씀을 들었기 때문이다. 초주검이 된 얼굴로 예수님의 말씀을 기다리고 있었다. 이윽고 예수님이 고개를 돌려 염소의 무리를 바라보며 단호하게 말씀하셨다.

"저주를 받은 자들아, 나를 떠나 마귀와 그 사자들을 위하여 예비된 영원한 불에 들어가라. 내가 주릴 때에 너희가 먹을 것을 주지 아니하였고, 목마를 때에 마시게 하지 아니하였고, 나 그네 되었을 때에 영접하지 아니하였고, 헐벗었을 때에 옷 입히지 아니하였고, 병들었을 때와 옥에 갇혔을 때에 돌보지 아니하였느니라"(마태복음 25:43).

"주여, 우리가 언제 주께서 배고프시거나, 목마르시거나, 나그네 되시거나, 헐벗으시거나, 병드신 것이나, 옥에 갇히신 것을 보고 돌보지 않았습니까?"

염소의 무리가 필사적으로 항변했다. 우리가 언제 예수님을 외면했느냐며 되물었다. 그런 적이 없다고 했다. 저 땅에서 예수님을 만난 적이 없다고 했다. 만약에 예수님이 예수님다운 모습으로 내 앞에 나타나셨다면, 절대로 외면하지 않았을 것이라고 변명했다. 그들은 답을 알고 있었다. 예수님이 양의 무리에게 하신 말씀을 들었기 때문이다. 지극히 작은 자가 곧 예수님이라는 것을 알았다. 예수님인 줄 알아보았다면 반드시 섬겼을 텐데, 어떻게 그런 모습으로 나타났는데 알아볼 수 있겠느냐고 따졌다. 가난에 찌들어 형편없는 몰골인 사람들을 어찌 예수님이라고 할 수 있겠느냐며, 자기 정당성을 주장했다.

염소의 무리는 필사적이었다. 더 이상 물러설 곳이 없었다. 저 땅에서 성공했다. 무엇 하나 부족한 것이 없었다. 사람들의 존경을 받는 선망의 대상이었다. 모두가 부러워하는 사람이었다. 하나님을 알고 있었고 큰 복을 받았다. 누가 봐도 천국에 갈 사람이었다. 그런데 지옥이라니? 터무니없는 소리였다. 고작 가난하고 병들고 감옥에 갇힌 사람들을 돌보지 않았다는 이유로 천국에 못 간다니 어불성설이었다. 예수님은 염소의 무리에게 단호하게 말씀하셨다.

"내가 진실로 너희에게 이르노니, 이 지극히 작은 자 하나에게 하지 아니한 것이 곧 내게 하지 아니한 것이니라"(마태복음 25:45).

예수님은 지극히 작은 자와 자신을 다시 동일시하셨다. 작은 자를 섬기지 않은 것이 곧 나를 섬기지 않은 것이라 하셨다. 염소의 무리가 필사적으로 반항해도 도리가 없었다. 그것이 엄연한 사실이었다. 그들은 예수님과 전혀 상관없는 삶을 살았다. 그 마음에 예수님이 없었기 때문이다. 예수님을 믿지 않았다. 예수님이 없던 그 마음은 지극히 작은 자에게 반응하지 않았다. 지나가다 한번 흘겨보는 것이 전부였다. 게으르고 무지하다며 무시했다. 하찮은 사람이라 여겼기에 신경조차 쓰지 않았다. 있어도 있는 줄 몰랐다. 그런데 그가 바로 예수님이었다니, 억장이 무너지는 소리였다. 변명의 여지가 없었다. 결국 염소의 무리들은 심판을 받고 지옥으로 내려갔다. 반면, 양의 무리들은 심판에서 면제되었다. 천국으로 올라가 예수님과 영원히 살았다.

유산의 가치를 아는 신자의 자발적 선행

양의 무리가 천국에 가고, 염소의 무리가 지옥에 간 근거는 '행함'이 아니었다. 착한 일을 많이 해서 천국에 간 것도, 나쁜 일을 많이 해서 지옥에 간 것도 아니었다. 예수님을 믿는 믿음이 구원을 가르는 기준이 되었다. 예수님은 양의 무리에 있는 의인들에게 분명히 말씀하셨다.

"창세로부터 너희를 위하여 예비된 나라를 상속받으라"
(마태복음 25:34).

예수님은 지극히 작은 자를 섬긴 자들에게 하나님 나라를 '상속'받으라고 하셨다. 상속이란 방식으로 하나님 나라를 주시겠다고 하셨다. 상속이란 유산을 받을 때 쓰이는 말이다. 부모의 죽음을 전제로 한다. 부모님이 돌아가실 때, 자식은 유산을 상속받을 수 있다. 그런데 예수님이 천국을 유산으로 상속해주겠다고 하셨다. 여기에 심각한 모순이 있다. 하나님은 죽을 수 없으시다. 죽을 수 없는 존재이다. 죽을 수 없는 하나님이 유산을 상속해준다는 것 자체가 말이 되지 않았다.

그래서 죽을 수 없는 하나님이 사람이 되셨다. 하나님이신 예수님이 인간이 되어 이 땅에 오셨다. 약속하신 유산을 주시고자, 죽으시기 위해 사람이 되어 이 땅에 오셨다. 십자가에 달리신 예수님은 "다 이루었다"(요 19:30)는 말을 하시고 숨을 거두셨다. 당신의 죽음을 통해 하나님의 유산, 즉 영원한 생명을 주셨다. 신자는 영생을 유산으로 받은 자들이다.

'상속'받은 의인들은 그 유산의 가치를 알 수밖에 없다. 가슴에 사무치는 감격과 감사가 있다. 나 같은 사람을 위해 십자가를 지신 사랑에 감동한다. 나같이 작은 자를 찾아오신 주님의 한이 없는 은혜에 감격한다. 나 같은 죄인, 쓸모없는 죄인을 구원하신 도무지 이해할 수 없는 사랑에 탄복한다. 그 은혜를 갚을 길이 없어 주님이 원하시는 삶을 살려고 한다. 주님이 바라보시는 곳을 바라보려고 한다. 주님이 사랑하시는 작은 자들을 나도 사랑하길 결단한다. 아무도 주목하지 않지만, 주님이 주목하시고, 주님이 사랑하시니 나도 주목하고 사랑한다. 의인들은 구원받으려 착한 일을 하지 않았다. 이미 얻은 구원에 감사하여 착한 일을 했을 따름이다. 구원 얻으려 선행이 아닌, 구원받았기에 선행이었다.

예수님과의 영원한 추억

재림하신 주님은 우리의 손을 잡고 천국으로 인도하신다. 우리는 천국에서 주님과 영원히 살 것이다. 영원한 이야기를 나눌 것이다. 그날에 주님과 이 땅에서 나눈 추억을 영원히 이야기할 것이다.

"예수님, 저 정말 예수님인 줄 몰랐어요. 제가 드린 작은 것을 받아주셔서 감사해요."

"그때 정말 고마웠다. 너 겨울잠바 딱 하나 남은 거 내가 아는데 벗어줘서 고마웠다. 네 덕분에 따뜻했어."

"주님, 제가 감사해요. 그때 잠바는 벗어서 드렸지만, 주님이 저 안아주셨잖아요. 그래서 하나도 안 추웠어요. 정말 감사해요."

우리는 낮은 데서 예수님을 사랑했던 이야기들을 나눌 것이다. 지극히 작은 자의 모습으로 함께하신 예수님과 나눈 사랑 이야기를 영원히 할 것이다. 때문에 우리는 지금 당장 가야 한다. 낮은 데로 가야 한다. 그곳에서 예수님을 만나야 한다.

예수님과의 추억을 쌓아야 한다. 저 천국에서 영원히 나눌 이야기를 지금 만들어야 한다. 낮은 데서 지극히 작은 자와 함께하시는 예수님과의 동행을 시작해야 한다. 저 천국의 기쁨을 이 땅에서 시작해야 한다.

천국에 유일하게 가져갈 수 있는 한 가지

우리는 언젠가 이 땅을 떠난다. 그날에 우리는 이 땅에서 이룬 것들을 아무것도 가져갈 수 없다. 돈도, 권력도, 명예도 아무것도 못 가져간다. 그런데 이 땅에서 가져갈 수 있는 것이 딱 하나 있다. 바로 사람이다. 사람을 가져갈 수 있다. 예수님은 의인들에게 말씀하셨다.

> "너희가 '여기' 내 형제 중에 지극히 작은 자 하나에게 한 것이
> 곧 내게 한 것이니라"(마태복음 25:40).

주님이 말씀하신 '여기'는 이 땅이 아니다. 우리가 살고 있는 이 세상을 이야기하는 것이 아니다. 주님이 재림하시는 현장이다. 양의 무리에 있는 사람들을 가리키며 "여기 내 형제 중에 지극히 작은 자"라고 하셨다. 우리가 이 땅에서 섬긴 지극

히 작은 자가 '여기'에 있다는 것이다. 그들이 구원받아 나와 함께 재림의 현장에 있다는 말이다. 나와 같이 천국에 왔다는 의미이다.

주께서 상속해주신 구원의 은혜가 너무 감사했다. 그래서 낮은 데에 있는 지극히 작은 자를 섬겼다. 나의 작은 섬김을 통하여 그가 예수님을 발견하고, 예수님을 만나고, 예수님을 믿은 것이다. 구원받아 나와 함께 천국에 온 것이다. 내 삶의 증인이 되어 주었다. 내 삶의 열매가 되어 주었다.

그저 스쳐 지나가는 인연이라 생각했다. 간간이 소식이 궁금하기도 했다. 그런데 여기서 볼 줄이야. 천국에서 만날 줄이야. 꿈에도 상상 못했다. 내가 그를 기억하듯, 그도 나를 기억했나 보다. 그렇게 서로 붉어진 눈시울로 마주 보았다. 와락 서로를 끌어안았다. 그렇게 한동안 울었다. 그가 내게 고맙다고 했다.

"그때 정말 감사했어요. 잠바를 벗어주신 덕분에 따뜻했어요. 그렇게 잠바를 입고, 주신 돈을 한동안 바라보았어요. 저분이 누구이기에 나에게 이렇게 잘해주시나, 저분이 말한 예수님은 도대체 누구인가, 용기를 내서 기도해봤어요. 예수님 나 좀 도와달라고 기도했어요. 그때부터 놀라운 일이 일어났어요. 제 삶이 변하기 시작했어요. 누군가가 저를 돕는 것 같았어요. 무너졌던 마음이 점차 힘을 내기 시작했어요. 예수님이었어요. 예수님이 저를 도우셨어요. 저와 함께하셨어요. 그렇게 저를 구원해주셨어요. 예수님이 함께하셨기에 험난한 인생 끝까지 살아낼 수 있었어요. 감사해요. 그때 예수님을 소개해주셔서 감사해요."

그렇게 얼싸안고 반갑게 해후했다. 눈물을 닦고, 앞을 보는데 깜짝 놀랐다. 내 주변을 둘러선 사람들 때문이었다. 모두 나를 보며 눈물을 글썽이고 있었다. 한눈에 봐도 누군지 알았다. 오랜 세월이 흘렀지만, 잊을 수 없는 얼굴들이었다. 기다리게 할 수 없어 모두를 끌어당겼다. 모두 얼싸안고 기쁨의 눈물을 흘렸다. 서로에게 끝없는 감사를 고백했다. 이 땅에서 나눴던 사랑이야기를 시작했다. 어느새 예수님도 합류하셨다. 아무래도 대화가 길어질 것 같다. 언제 끝날지는 아무도 모른다. 그래도 상관없다. 우리에게는 영원이 주어졌기 때문이다. 영원한 이야기와 함께 영원한 삶이 시작된다.

함께 묵상

예수님이 재림하시는 그날, 지극히 작은 자들을 섬긴 의인들을 칭찬하신다. 의인들은 구원받기 위해 착한 일을 하지 않았다. 내가 이미 얻은 구원에 감사하여 착한 일을 했다. 지극히 작은 자들을 섬기는 것은 나의 의지나 당위로 되지 않는다. 나를 구원하신 주님의 은혜에 감사하여 자발적으로 섬기고 사랑했다. 하나님의 은혜에 감사하여 작게, 작은 자들을 섬겼는데 재림하신 주님이 고맙다고 하신다. 내가 섬긴 작은 자들이 바로 예수님이었다고 말씀하신다.

Q1. 예수님은 우리에게 천국을 유산으로 상속해주셨습니다. 내가 받은 구원의 가치가 얼마나 소중한지 체감이 되나요?

Q2. 내가 이웃을 섬기는 동기가 무엇인가요? 구원받기 위해서인가요, 이미 받은 구원에 감사해서인가요?

Q3. 주님이 다시 오시는 그날에 주님은 우리에게 고맙다고 하실 것입니다. 천국에서 주님과 영원한 추억을 나눌 때, 어떤 이야기가 오고 갈까요?

Q4. 이 땅에서 내가 섬긴 작은 자들을 천국에서 다시 만나는 날, 무슨 말을 하고 싶나요?

Q5. 이 땅에서 내가 만날 예수님은 지금 어디에 계실까요? 평소 내게 마음에 감동을 주셨던 작은 자들을 위한 기관이나 사람이 있다면 나눠주세요.

Blue Note 5
통곡한 노숙인

며칠 한파가 몰아쳤다. 추위가 매서워질수록 노숙인들이 걱정되었다. 주일 예배를 마치고 아내와 노숙인 걱정을 한참 했다. 덕다운패딩을 몇 개 사서 서울역에 가기로 했다. 아내는 함께 가고 싶지만, 아이가 아픈지라 그럴 수 없음을 아쉬워했다. 가산디지털단지 아웃렛을 갔다. 마땅한 패딩이 보이지 않았다. 패딩이 두꺼우면 비싸고, 저렴하면 얇았다. 한참을 돌다가 예상 못한 스토어에서 좋은 패딩을 발견했다. 60만 원짜리를 90% 할인 중이었다. 몇 벌을 사서 점퍼와 목도리를 들고 서울역을 향했다.

서울역에 도착해서 돈을 좀 찾았다. 그리곤 서울역을 한 바퀴 돌았다. 차디찬 바닥에 박스 하나 깔고 누워 있는 사람들이 보였다. 대부분 이불을 덮었는데, 침낭을 덮은 사람들도 있었다. 한파를 막기에는 역부족이었다. 준비한 패딩을 나눠주었다. 식사하시라고 돈도 나눠드렸다. 감사하게도 앳된 청년들이 노숙인들에게 도시락을 나눠주고 있었다. 온누리교회에서 나온 청년들이었다. 그 모습이 참 아름다웠다.

한 어르신이 몸에 이불을 두른 채, 찬 바닥에 앉아 있었다. 인사를 드리고, 준비한 패딩과 식사비를 드렸다. 옆에서 술에 취해 자고 있는 다른 노숙인 것도 챙겨드렸다. 어르신이 감사하다며 기꺼이 받아주셨다. 어르신의 건강을 여쭈며 대화가 시작되었다. 어르신이 마음의 문을 열어주셨다. 어르신에게 기도해드려도 될지 여쭈니 고개를 끄덕이셨다. 하나님께서 자녀인 어르신을 지켜주시길 간구했다. 기도를 마치고, 인사하고 헤어졌다.

돌아가는데 마음에 감동이 일었다. 그 어르신에게 다시 가라는 감동이었다. 복음을 전하라는 감동이 어찌나 강력한지 거절할 도리가 없었다. 서울역 주차장에 다 왔는데, 다시 돌아갔다. 다시 대화를 건네기 위해 따뜻한 베지밀을 두 병 샀다. 어르신이 반갑게 맞아주셨다. 밤에 어떻게 주무시는지 여쭈니, 새벽에 지하철에서 잔다고 하셨다. 많은 노숙인이 밤새

지하도에서 떨다가, 첫 차가 오면 지하철에 오른다. 지하철에서 언 몸을 녹이고, 쪽잠을 잔다. 밤에 잠이 들면 동사하기 때문이었다. 어르신도 그렇게 추위를 견디고 계셨다.

어르신이 지나온 삶의 이야기를 들려주셨다. 1960년생인 어르신은 건축일을 하셨다. 교회도 열심히 다니셨다. 그러다 다니던 교회의 담임 목사에게 사기를 당했다. 그 일로 재산상의 큰 손해를 입고, 가정이 파탄 났다. 아내와 이혼하고, 가족이 뿔뿔이 흩어졌다. 어르신은 어쩌다 이렇게까지 됐는지 모르겠다며 눈물을 보이셨다. 다른 목사가 저지른 잘못인데, 내가 죄인이 된 것 같았다. 죄송하고 민망함에 어쩔 줄 몰랐다. 한참 어르신의 말씀을 들었다.

어르신의 말씀이 마치고, 이번에는 내 이야기를 했다. 내가 만난 노숙인 이야기를 들려드렸다. 교회에 나오기 시작하며 술을 끊고, 아파트 경비 일을 몇 년째 하면서 자기 집을 얻어 자립한 노숙인의 이야기를 어르신이 경청해 주셨다. 어르신도 다시 시작할 수 있다고 말씀드렸다. 어르신의 눈에서 하염없이 눈물이 흘렀다. 어르신께 다시 기도해드려도 될지 여쭈었다. 어르신이 울먹이며 고개를 끄덕이셨다. 어르신의 손을 잡고 간절히 기도했다.

"하나님, 어르신을 지으시고 사랑하시는 하나님 아버지 감사합니다. 어르신을 위해 예수님께서 십자가에서 대신 죽으신 줄 믿습니다. 자녀를 살릴 수 있다면, 부모가 기꺼이 대신 죽을 수 있듯이, 주님의 자녀인 어르신을 살리려 기꺼이 십자가에서 죽으신 예수님 감사합니다."

어르신이 통곡하기 시작했다. 눈물로 참회하며 나를 위해 십자가에서 죽으신 예수님을 구주로 고백하셨다. 결신기도도 함께 했다. 내가 한 문장을 기도하면 어르신이 따라 하셨다. 어르신이 울음이 북받쳐 정확하진 않았지만, 끝까지 잘 따라 하셨다. 예수님을 구주로 고백하셨다. 그렇게 기도를 마치고도 한참을 우셨다. 어르신께 인근에 좋은 교회를 소개해 드렸다. 노숙인들의 숙식을 돕고, 신앙을 통해 자립을 돕는 교회였다. 어르신은 꼭 가겠다고 약속하셨다. 그 교회에서 다시 만나자고 약속했다. 지갑에 있는 모든 돈을 어르신의 손에 쥐여드리고 일어섰다. 돌아서는 내게 어르신이 인사하셨다.

"Nice to meet you."

어르신의 얼굴이 어찌도 해맑던지 원래 저런 미소를 가지셨구나 싶었다. 환한 미소를 지으신 어르신께 나도 미소로 답했다.

"Nice to meet you, too.

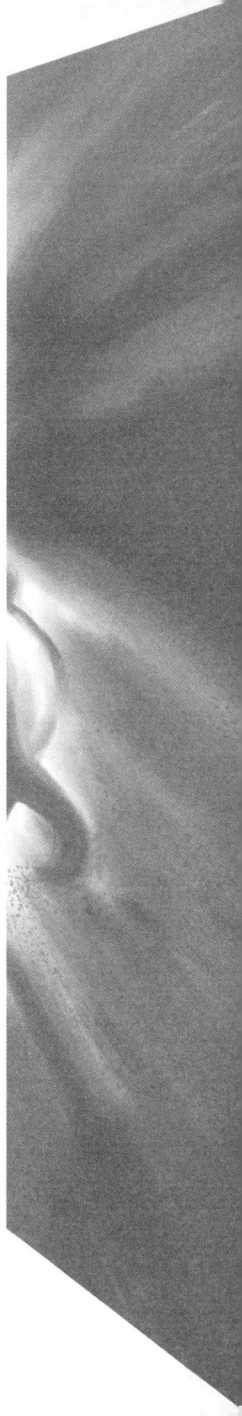

닫는 이야기

하나님의 큰 일을 구하는 세대

예수님이 약속하신 대로 오순절에 성령님이 강림하셨다. 제자들에게 성령충만이 임했다. 백이십 명의 제자들이 방언으로 기도했다. 베드로의 설교로 삼천 명이 회심하는 놀라운 역사가 일어났다. 여느 때처럼 베드로와 요한은 기도하러 성전에 갔다. 성전 미문에는 평생을 구걸하던 장애인이 있었다. 베드로는 그를 주목하여 보다가 예수님의 이름으로 그를 고쳐주었다. 오른손을 잡아 일으켜 세웠다. 놀라운 기적이 일어났다.

베드로와 그 장애인은 구면이었다. 처음 본 사람이 아니었다. 평생을 본 사람이었다. 기도하러 가는 길에 평생 지나치던 사람이었다. 그런데 그날만큼은 그냥 지나치지 않았다. 그의 오른손을 잡아 일으켰다. 왜 그날 유독 다른 행동을 했을까? 무엇이 그 차이를 만들었을까? 이유는 간단한다. 성령충만 때문이다. 그 마음이 성령님으로 충만했기 때문이다. 그 마음이 하나님 마음이 되었기 때문이다. 세상 사람들은 외면하는 작은 자라고 할지라도, 하나님께는 자식이기 때문이다. 내 자식이 노숙을 하고 있으면, 부모는 절대 그냥 지나치지 못한다. 성령충만으로 내 마음이 하나님 마음이 된 제자들은 장애인을 지나칠 수 없었다.

성령충만의 가장 강력한 증거는 긍휼이다. 하나님의 마음이 내 마음이 되는 것이다. 작은 자들을 보고 창자가 들끓던 예수님의 마음이 내 마음이 되는 것이다. 때문에 우리는 날마다 기도해야 한다. 날마다 성령충만을 구해야 한다. 성령충만해야 사랑할 수 있다. 하나님의 마음으로 사람을 바라볼 수 있다. 성령충만해야 예수님처럼 사랑할 수 있다.

오순절에 성령충만이 임한 순간, 백이십 명의 제자들은 각기 다른 나라의 말로 기도했다. 언어는 달랐지만, 기도제목은 단 하나였다. 모두 "하나님의 큰 일"을 기도했다. 하나님의 뜻이 이루어지길 간구했다. 그간 "나의 큰 일"을 기도했던 제자들은 "하나님의 큰 일"을 기도하기 시작했다. 그리고 그들은 세상을 바꾸었다. "하나님의 큰 일"을 구할 때, 세상을 변화시키는 능력의 하나님을 경험했다. "하나님의 큰 일"을 구한 믿음의 선배들은 세상을 바꾸었다. 더 좋은 세상을 이루었다.

그때와 같은 일들은 교회의 역사에서 반복되었다. 이천 년 교회사에 큰 부흥의 때가 있었다. 부흥이 임하는 나라와 지역마다 반드시 따르는 일이 있었다. 신자들의 낮은 데를 향한 행진이 동반되었다. 대규모 회심 이후, 신자들이 자발적으로 지극히 작은 자들을 찾아갔다. 세상에서 외면당하고, 사람에게 버림당한 이들의 삶이 회복되었다. 교회는 사람들의 칭송을 받았다. 누구도 못하는 일을 하는 신자들을 향한 칭찬이 끊이지 않았다.

교회는 가파르게 성장했다. 점점 규모가 커지고 돈이 쌓이기 시작했다. 사랑으로 세상을 섬기던 교회였는데, 돈으로 세상을 섬기기 시작했다. 그리스도의 사랑으로 세상을 변화시키던 교회였는데, 힘으로 세상을 변화시키려 했다. 세상과 다른 방법으로 세상에 감동을 주던 교회였는데, 세상과 똑같은 모습이 되어 버리고 말았다. 맛을 잃은 소금은 사람들로부터 외면당했다. 그렇게 교회는 점차 쇠퇴했다. 부흥은 온데간데없이 사라졌다.

역사는 지금도 반복되고 있다. 1907년 평양대부흥을 통해 이 땅에 전국적인 회심운동이 일어났다. 회심한 신자들이 자발적으로 소외된 이웃을 돌보기 시작했다. 교회의 남다름은 사람들의 칭송을 받기에 충분했다. 교회 다니는 사람들은 무언가 다르다는 인식이 확산되었다. 한국 교회는 전례 없는 부흥기를 맞이했다. 전 국민의 25%가 기독교인이라고 불릴 만큼 폭발적으로 성장했다. 교회는 사회의 주류가 되었다.

그러나 교회는 점차 변하기 시작했다. 역사의 전철을 밟았다. 섬김과 헌신의 메시지는 사라지고, 성공과 기복의 메시지가 주를 이루었다. 낮은 데로 사람을 보냈던 교회가 돈만 보낸 지 오래이다. 돈으로 하는 게 편하기 때문이다. 가진 것을 나누기 보다는 쌓기에 여념이 없다. 많이 쌓는 것이 교회에서도 미덕이 되었다. 세상은 쌓은 걸 보지만, 하나님은 나눈 걸 보신다. 세상과 다른 방법으로 부흥했던 한국 교회가 세상의 방법을 차용하기 시작했다. 사랑이 아닌, 힘과 규모로 세상을 변화시키려 했다. 아이러니하게 그때부터 사람들이 교회를 외면하기 시작했다. 매년 성장하던 신자의 수가 급감했다.

부흥의 시절은 옛 이야기가 되었다. 앞선 나라들이 갔던 길을 똑같이 가고 있다.

우리는 1907년의 대부흥의 때와 같은 성령님의 강력한 역사를 간구한다. 다시 이 땅을 변화시킬 하나님의 긍휼과 자비를 구한다. 그때와 같은 하나님의 은혜가 임하길 간구한다. 나 또한 마찬가지이다. 그날을 위해 기도하다 문득, 스치는 생각이 있었다.

> '그때처럼 성령의 역사가 있다 한들, 우리가 변화되지 않으면 결국 똑같겠구나.'

그동안 우리는 성령충만을 잘못 구했다. "나의 뜻"을 이루기 위해 성령충만을 구했다. 나의 소원을 성취하려 성령충만을 구했다. 능력 받아 성공하려고 했다. 하나님과 끝없이 줄다리기했다. 결국, 소원을 이룬 사람은 하나님이 필요 없으니 떠났고, 실패한 사람은 낙심하여 하나님을 떠났다. "나의 뜻"을 위해 성령충만을 구한 우리는 세상을 바꾸지 못했다. 오히려 세상의 손가락질을 당하는 신세로 전락하고 말았다.

우리 믿음의 선배들은 "하나님의 큰 일"을 위해 성령충만을 구했다. 하나님의 뜻을 이루기 위해 성령충만을 갈망했다. 선배들은 날마다 이루어지는 하나님의 뜻을 목도했다. 내 삶 속에 살아서 역사하시는 하나님을 자주 만났다. "나의 큰 일"이 당장 이루어지지 않는다 할지라도, 내 삶에서 펼쳐지는 "하나님의 큰 일"을 보기에 괜찮았다. 오히려 날마다 하나님과 함께하는 행복을 누렸다. 우리도 이제 돌이켜야 한다. 내 소원을 이루기 위해 성령충만을 구하는 일을 그쳐야 한다. 하나님의 소원을 위해 성령충만을 구해야 한다. 하나님의 뜻을 이루기 위해 성령충만을 갈망해야 한다. 그럴 때, 우리는 사람들의 신뢰를 회복할 수 있다.

다시는 부흥의 때가 오지 않는 것일까? 예전의 역사가 결국 반복되고 마는 것일까? 교회가 박물관, 카페, 술집으로 쓰이는 일을 마주할 수밖에 없는 것일까? 이미 시작된 그 일을 멈출 방법은 없는가? 우리는 역사의 도전에 직면하고 있다. 그 한계를 넘어서야 한다. 우리가 붙들 이는 예수님밖에 없다. 예수님의 말씀을 기억해야 한다. 마음에 새겨야 한다.

"이를 행하라. 그러면 살리라" (누가복음 10:28).

행하면 살아난다. 순종하면 은혜가 임한다. 내가 그토록 바라고 고대하던 은혜가 실천할 때 비로소 임한다. 은혜를 받으면 행할 수 있다고 여기며 살았는데, 정답은 오히려 그 반대였다. 행하면 은혜가 임한다. 순종하면 살아난다. 마음의 갈급함이 온데간데없이 사라진다. 그렇게 하늘을 향해 울부짖어도 응답이 없었는데, 행하는 순간 주님을 만난다. 그제야 주님의 말씀을 깨닫는다. 행하니 정말 살아나는 역사가 일어난다.

1907년에 이 땅에 부흥을 일으키신 성령님은 여전히 이 땅에 계신다. 그리고 신자인 우리의 마음에 내주하신다. 성령님을 만난 우리 믿음의 선배들은 낮은 데로 나아갔다. 예수님처럼 작은 자들의 친구가 되었다. 선배들에게는 주저함이 없었을까? 아니다. 주저함이 있었다. 두려움이 있었다. 그럼에도 불구하고 담대히 사랑했다. 성령님을 의지했다. 나의 능력이 아닌 성령님을 의지할 때, 그들은 세상을 변화시켰다. 그러니 우리도 담대하자. 성령님이 함께하시니 낮은 데로 나아가자. 순종하는 이를 도우시는 하나님이 우리를 도우신다. 하나님이 우리를 통해 세상을 변화시키신다.

신자는 하나님을 사랑하는 딱 그만큼만 이웃을 사랑한다. 하나님을 사랑하자. 더욱 사랑하자. 그래야 우리는 이웃을 더욱 사랑할 수 있다. 선한 사마리아인처럼 어떤 고난과 역경이 앞을 막고 있어도 전심으로 하나님을 예배하자. 세상에 대명사가 된 선한 사마리아인의 이야기가 우리 삶이 될 때, 세상은 다시 예수님을 주목할 것이다. 예수님을 믿을 것이다. 예수님을 사랑할 것이다.